巧言美
話用之
必滅

美辭を弄ぶ
如風穎

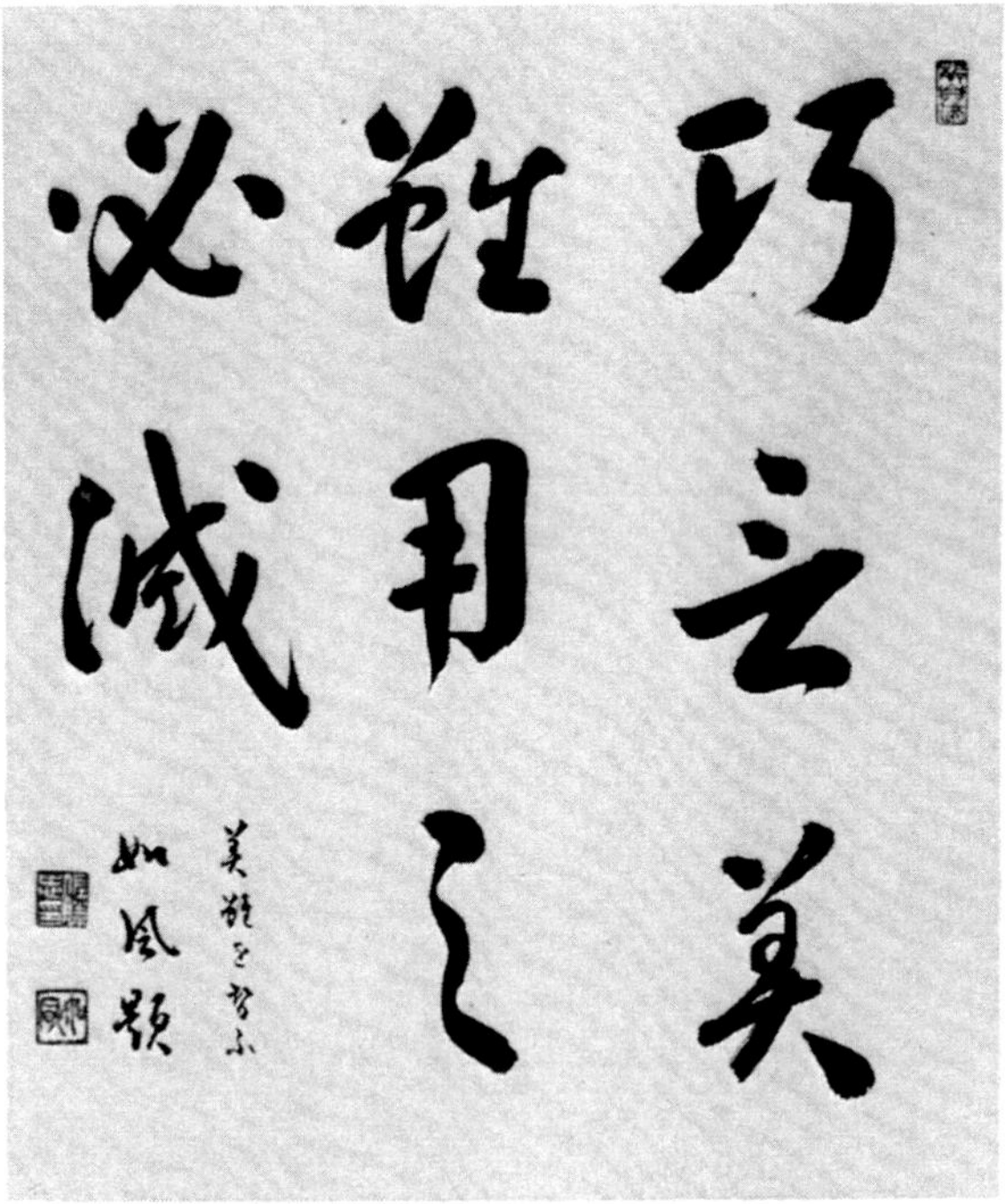

剣道の学び方

〈目　次〉

第一章　事（技）について……5
一、技の性格とその出し方……6
二、技の種類と機能……9
三、片手打突についての研究……15
第二章　理について……19
一、教師と弟子の授受の関係……20
二、術理の教授内容……25
三、剣道の流派と形に就いての所見……30
第三章　心理的理法……37
一、事理と達人の心法に関する諸説……38
二、心のはたらき……49
三、心養の工夫……58
第四章　剣道の学び方……71
第五章　剣道修練の基礎的理合……101
準備運動、着座、起座、正座、座礼……102
姿勢……103
足の踏み方……106
手の位置と竹刀の握り方……108

目付……112
発声……116
間合……120
先……125
打突すべき機会……129
残心……131
気合……134
勘……136
色付けの事……138
心のはたらき……139
四戒……141
平常心……143
不動心……145
明鏡止水……147
無念無想……148
心気力一致……149
懸待一致……152
虚実……153
離勝……155
位……157
守破離……159

剣道を詠む……161

第一章　事（技）について

一　技の性格とその出し方

剣道の達人が、少しも武道の心得のない者から斃された例がないではないが、それは例外であって、普通武道に精通した者が、何の武道の素養のない者と戦って勝つは一般の常識である。それはそれぞれの武道を修練することによって頑健なる身体を鍛え、又相手を斃すところの技術を知っているので、勝つのが当然である。されど心の修養がなければ、習い覚えた技術を有効に発揮されず、又意外の不覚をとるようなことがある。それのみならず、何の武道にしろ、ただ心身を鍛えて各種の技を覚え、護身、制圧に役立てるばかりでは、真に武道を修得したものとはされない。その鍛練、研鑽に精進し、次第に技術が進歩するにつれて、あらゆる道を弁え、人間完成の域に近づく、これが武道の本領である。

剣道の修練に当り、よくその目的を達成するには、まずその意義、性能を知り、然る後に事（技）の運用についての理合を学ぶべきである。而して剣道は、刀剣、木剣、竹刀、棒等によって行われ、実際これを修練することによってのみ剣道の何物であるか、又その真価を知られるのであって、これを行わないでは、理論をいくら追及したところでわかろうはずがない。それは恐らく各芸道すべてに共通する。

剣道の技とは刀剣又はこれになぞらえて作った物を操縦するの所作である。而してこれには意識的のものと、無意識的のものとがある。刀剣を使用するに、宮本武蔵は、「食膳に座って箸を持った心持で居れ」と教えているが、刀剣、竹刀いずれにしろ持つ物に少しも心を引かれることなく、持っていることを忘れているようでなければ、剣と打突しようとする心と二つになって、剣に心が捉われ、運用の自在を失う。それは剣ばかりでなく、体と心と別々になって、身体の運用が、心に付き従わない時には、すべての技は成就しない。又剣道は概して相対的にあるので、（中には素振りのように一人でする修練はあるが、矢張相手を予想して行う）自分が相手を打とうと思った時、又それを動作に表わした時には、彼も攻防のいずれかを念頭に持っているから、一瞬時後れては忽ちに打突される。相手の隙を見極めて打突することはあるが、それは上乗の技とはされない。相手の隙を見てから打つのでは既に後れる場合が多く、隙が我が心に感じた時に、此方の技が其処に反射的に届いている程、四肢身体の働きが敏捷でなければならない。尚それより先に、明らかに、瞬時に相手の虚隙を観破し、自己の打突の正確を認識して技を出すべきで、それが若し成立しない時には、次ぎから次ぎへと相手の隙を攻めたて、或は打ち込む、その間少しの緩みがなく、攻防相一致し、間合、残心等に於いて自己を喪失しないようにする。而して打突の出すべきところには必ず出で、出すべからざるところには絶対に出さず、攻むべきところは攻め、相手の打突の避けるべきところは避ける。この所作を一度誤れば、竹刀上の試合であれば、打つ、打たれるで事が済むが、真剣であればそれが直ちに生命に関わる。この機会を瞬時に見定めて、適応する所作に出でると否とが、技の巧拙となるが、これは修練によって生ずる勘の働きによるところが頗る多いように思われる。

剣道には非常に太刀数の多い人と少ない人、早い人と遅い人とある。然るに、打突の技数の多少と遅速は、各自の性格、剣風に関与するので、これをもって剣道の巧拙を定めることは出来ない。太刀の動きの遅速は各人によって異なり、しかもそれには限度があって、左程に差のあるものではない。上手な人の剣道を傍らで見るに、太刀の動かし方は他人と殆んど変りがなく、むしろ遅い人が多い。然もその太刀には少しの無理がなく的確に当る。而して打たれた方は、最も打たれ易い状態になっている。上手な人と対峙するに、その太刀が早く感ずるのは、大体は太刀の動きが早いのではなく、自己の隙を早く見出されて打たれる場合が多い。此方が気付いた時には、技が起されて居り、既に先方の太刀が自己の身辺に来ているところから、無下に太刀の早さを感ずる。上手な人は、何の屈託もなく、平気で打ちを出すが、それが大方規定の場所に的中する。たとい外れても、相手に少なからぬ驚異を与える。それは此方の心の欠陥、技の不備なところをつかれ打たれるからで、極く上手な人の太刀技は、本人は至って無造作に出す。他人からは如何にも楽そうに見えるが、其れ迄に至るには、優れた人程なみなみならぬ心労と修練を積み重ねているは言う迄もない。

二　技の種類と機能

技は真剣勝負であれば、各流の形で示している通りに、相手を不能とし、又切り斃しさえすれば身体のどの部分を打っても差支えない。袈裟切りなどは最も重要な技であるが、現在の剣道のように規定の場所に限られている時には、その部分を正確に打突しなければならない。その打ち方に於いて、面技にすれば、正面、左右斜面、飛び込み面、出頭面、引面、応じ面、応じ返し面、摺り上げ面、払い面、張り面、抜き面、巻き返し面、小手技は、左右小手（但し左小手は練習の便宜上、相手の上段の時、上段になろうとした時、又普通の中段から変った八相、脇構、等左小手が前に出したような構の時に限り、その打ちを有効とする）、飛び込み小手、応じ小手、摺り上げ小手、払い小手、抜き小手、巻き小手、担ぎ小手、応じ返し小手、出頭小手、押え小手、引き小手等、胴技には左右胴（左胴はこれも便宜上初心者指導の場合はなるべく用いないようにする）飛び込み胴、抜き胴、応じ胴、応じ返し胴、引き胴、出頭胴等、突技には、表突、裏突、応じ突、摺り込み突、払い突、押え突、出頭突、待ち突（地生突）、巻き突等がある。

打突の技は大体これ等の技を数えられているが、これを更に分解すれば、極めて複雑な条件を含む。自他の気力、間合、遅速等によって一つとして同じ技はあり得ない。甲の者に当る技が、そのままでは必ず乙に当るとは限らない。その時には相手の構え、所作に応じて多少変えなければならない。かく観ずるに於いては、その数が何百何千あるか知れない。而してそれが誰に対しても的中するように出すところに技のむずかしさがある。然らばこれ等の技を詳細に分解して一つ一つの技を種々の機会に利用して打突の仕方を覚えればどんな場面にも適用されるかというに、それは殆んど無駄骨折に帰する。何故かといえば相手から気合で押えられ、又自己の心が動揺すれば、総ての技は封ぜられ、何等技をほどこす余地がなく、又相手が何時も同じように来るとは限らない。さればかかるものに余りに執心するよりも、剣道の基礎的修練を充分に行い、打ち込み切り返し、懸り稽古、相対稽古、試合稽古と順序を踏んで専ら実地の修行にいそしむにしくはない。かくすることによって、数々の技はその実力に応じて、自然に修得される。どんな達人にしろあらゆる技を自由自在に出すのではなく、各人得意とする技数本を出すに過ぎない。しかも強いとか、上手というのは、二つか三つの技に徹しているからである。

先に剣道は打つべきところを見極めて打ちを出し、打つべからざる処には、軽々しく打ちを出してはならないと言ったが、これは理想的の剣道で、高段者、達人は是非かような剣道でありたく、打つべからざる処に無暗に打ちを出すは沢山の中たとい規定の場所に当って勝を得ても、古来これを間合の知らない、盲目剣道と貶している。近来は余りに試合勝負を尊重するところから、理にはまった位の高い剣道が次第に失われつつある。さればとて余りに機会を窺っていては、心が凝滞し易く、攻撃的意気が銷沈して、相手の乗ずる処となる。互に待機している時の静止は、技を出し合う活動より、一層の緊張と旺盛な心の働きがあり、聊かの心身の弛緩と欺瞞を許さない。即ちどちらかが隙を見出したら間髪を入れぬ敏速をもって打ち込み、而してその技は的確なものでなければならない。正確な隙を見出す力がない人が、達人をまねて互に勿体振って構えているは、甚だ見苦しく、且つ剣道の厳正を冒瀆する。囲碁に於いて、「下手の考え休むに似たり」という言葉がある。高段者どうしの対局で、一方が思案中に血を吐いて斃れたという話があるが、寔に対象的の現象である。

これ等の態度は、高段者にのみ望まるべきもので、一般者、特に練習に於いては、打つ、打たれるを深く念頭に置かずに、旺盛な気合のもとに隙と思ったら直ちに打ちに出で、又は攻め、打つべからざるところと知ったら、成るべく早く打つべき隙を積極的に見出し、又生ぜしめて、徹底的に攻勢に出るように心掛け、その間に打つべき機会をつかむようにする。攻防の理に従って進退し、あやまって打たれるは、修行上少しも恥としない。打たれることのみをいとって技を出さず、防禦的になっては、心気が萎縮し、技の進歩がない。技を出すことによって隙が出る。そこを互にすかさずに打ちつ打たれつしている間に打つべき機会、隙を見出し、その修練を積むことによって次第に上達に赴く。故川崎善三郎先生から「自分等が警視庁の師範時代には、知らないで打って勝つよりも、知って打たれて負けた方が優っていると言って互に稽古を励んだものだが、その意味がわかりますか」と言われたことがあるが、まさにこの理を申されたのであろう。

剣道を然るべきよい教師について、基本練習から順序に従って教わり、他人以上に練習を励んでおりながら、少しも進歩が表われない人がある。この人は生来の不器用、心身の欠陥にもよるが、多くは日頃の練習に於ける研究が足らないところに大きな原因がある。その研究するところは沢山あるが、例えば相手から同じところをいつも同じ技で同じ機会に四本も五本も打たれながら一向に反省することなく、ぼんやりしてやっている。そんな不注意な心掛けでは技の進歩は望まれない。一本打たれたら直ちに心をそこに働かせ、二度とは同じところを同じ調子で打たれない用意と、更にその裏をかき、その技を利用して、相手を打つ工夫をする。尚それでもどうしても打たれるは、相手の技が自分の隙（悪い癖）によく当嵌っているからであるから、その人が他人とする時、特に上手な人とするのを見ている。そしてその太刀をどのようにして防ぐか、又その裏をかいて打ち返すかを見てその通りに行い、打たれる技を防ぎ、打つことを知る。見学が剣道修行に利するは、単に勝ち敗けを見るのではなく、どうして打ったか、打たれたかの勝負の決した原因、やり方、位等を見るところにある。あるすぐれた技を見て、これを自分より下の打ち易いものにほどこして打ち、尚これを上のものに行って成就した時には、それが真に自分の技になったので、これを俗に技を盗んだというが、その位の研究心がないでは上達はむずかしい。近時の高段者の剣道に特に優秀のものが少ないのは、技の何たるを知らず、ただ相手より先に打って勝負に勝ちさえすればよいとして、剣法の理にかなわず、例えば此方の打ち出す太刀の刃筋が正しくなっているか、姿勢がくずれはしないか、残心を失わないか否かを吟味するでなく、相手の剣先が此方に突きかかろうが、又無駄打ちをいくら多くしようがかまわず、相手の規定の部分を打ち、打たれまいというところにのみ腐心するからである。尚現在は専門教育がなく剣道外のある勤め、職業の傍らに剣道を行う人が多くなり、真にそれのみに心身を打ち込んで徹底した修練を行われないところから、学生時代の剣道から大した進歩を見られない現状にあるのではなかろうかと思われる。

三　片手打突についての研究

このごろ上段をとる者が非常に多く、高校生なども盛んにとり、これを得意としている者が少くない。上段というものは以前には名人の位などと言って、下位の者が上位の者に対してはとらない、又とれないものとされていた。若し上の者、同等の者にとる時には「御無礼」と言ってとるのがならわしとなっていた。

雙手上段から片手で打つ技は昔からあったものか、なかったものかは甚だ疑問とする。幕末以前には恐らくなかったもので、多くは興業撃剣芝居頃からはじめられたものではなかろうかと思う。これは全くの私見で、若し明治前からあり、真剣勝負に用いられていた実例があるものなら先輩の諸先生に対して失礼に当るが、かく言うはこれ迄見た若干の形、及び書籍で見た明治以前の各流の形には、上段から双手で打つのと、片手上段から片手で打つのはあるが雙手上段から片手で打つは見ない。もう一つは真剣勝負で互に切り合う時に、片手で上段から打ち下すなどは実際にやられるであろうか。切って切れないことはないが、若しはずれた時には続いて次ぎの正確な太刀技を出すにむずかしく、又相手の太刀に払われた時には甚だ抵抗が弱く、忽ちに下に垂れるか、落す。かくなれば寔に危険で、打ち損んずれば命がないと思わねばならない。又両手で打つより力が強く当らないから相手を斃すに効果が少い。甲冑をつけての闘いなら尚更である。真剣の場合にこんな危険であって、然も効果の少ない技は、戦闘に役立てる剣法として用いられたとは思われない。剣道が武道を離れないスポーツであるとすれば、上段から片手で打つような技は、これを廃除すべきではないかと思う。先生、先輩達が盛んに行っていた技を取り除くは、一見不遜のように思われるが、本来の剣道の正能に背くものであれば、これを除くが真の剣道を復活せしめることになり、且つ真の剣道を後世に伝える意味に於いて、此の際思い切って断行すべきではなかろうか。

されど又一面から考察すれば、上段の片手打ちは、真剣勝負には不都合な技と思われるが、どんな動機によって始められたにしろ、現在の剣道では、立派な一つの技として使用されている。昔は高段者のみが用いたものだが、現在の勝負を競うに有利なれば、誰が用いてならないとはされない。青少年の頃からこれを練習して自己の得意のものとしたところで一向差支えないであろう。片手突きなども同じであるが、これも各流の形にはなく、又片手面と同様に或は真剣には不適当と思われなくはない。これは幕末に柳川の藩士大石進が五六尺の長い竹刀を持って江戸に来り、未だ嘗て見たことのない片手突きをもって、各道場の師範を辟易せしめたと言うが、その片手突きが、現在では一つの技として盛んに使用されている。かような点から上段から片手で打つ技も、或はこれを許容するばかりでなく、大いに研究して進歩発達をはかるべきものかとも思う。但しそのやり方、取り扱いには大いに研究を要するであろう。

剣道に於ける思想、理念は、時代に従って変って行くべきで、是非そうあらねばならない。剣道は武家時代に隆盛に赴き、発達したものであるから、その時代のようにあらねばならないとの考えのもとに剣道の思想を説き、これを墨守したら、甚だ陳腐な骨董的の存在となり、溌剌たる生気を失う。技に関しても同じく、先人が行ったものであるから、どうしてもその通りに行わねばならないということはあり得ない。先人がある理由のもとに間違った、即ち剣道本質に悖るやり方をして居らないとは限らない。例えば無知な観衆に面白く見せる為に、興業撃剣では打突をしたら引上げを行い、面白くおかしい素振り、言葉を行ったのであるが、これ等は正しく古来の剣道の真実を曲げたものである。現在は改正せられてかかる素振り、言動をする者がなくなったが、その他でもなおして然るべきものがなくはないであろう。前代に行われていたもののよいものは飽く迄のこして、尚その発達をはかり、剣道の本質にもとり、間違ったもの、価値のないものは、速にこれを廃除し、改正するのが、是非しなければならない現代人の心構えであり、責任である。又昔あったものを善悪の吟味をせずに悉く古いものだからとして改めることは充分慎しまねばならない。若し悪いもの、よりよいものを発見したら、先ず古に遡って真偽をたしかめ、新しくはじめるものなら、尚更各方面から研究し、なるべく多く識者の意見を徴し、物によってはこれを実施練習して、その可否を調べてから決定改正し、又新たに始むべきである。さもなくば悪いもの、間違ったものを現世、後世に行わしめることになる。

第二章　理について

一　教師と弟子の授受の関係

剣道の理は、既に「剣道の意義」に於いて、剣道とは何を言うか。道徳、礼儀、人格、生死超脱等とどういう関連を持つかを詳細に互って述べたが、剣道の技は悉く理と相俟って雙方離れられない関連を有している。而してこの理を順序を逐うて師から教えを受け、実地に研究修練をすることによって正しい剣道は知られる。

これを教授する教師は、成るべく深い素養と体験を有する優れた技術者、人格者でありたい。かかる教師は、過去に於ける沢山の経験と研究によって、確実な知識となり、且つ自己の全身に溶解した力となっているので、説くところの技の出し方にしろ単に本で見たもの、人から聞いたもののように橋渡し的の浅薄なものではない。故に真に理に徹した人であれば、一言を発しないで剣を持って道場に立っただけで、これを習う人に偉大な感化を与え、立派な術理の指導となる。又かかる人が口頭で指導する時には、言うことは極めて抽象的で、簡単であっても、その言はその教師の長らくの体験上の確信による無限の含蓄があるところから、素養の少ない人と同じ事を言っても、効果上には著しい差がある。この理は何の道でも同じであるが、特に剣道は以心伝心によって互いの授受の道が成就するものであるから、教える人の心の働きが、教えられる者に、よいにつけ悪いにつけ、影響することが頗る大きい。筆舌で示すことの出来ない微妙な術理や心の用い方などは、優れた人の力量と人格によってのみ教えられる。

剣道の術理は、初心の時から順序を経て教えられるが、教ったから直ちにその通りされるものとは限らない。悪いところを幾度か矯正されて次第によくなる。然るに己の悪いところを指摘され、なおされるは自尊心を疵つけられ、多少なりと自由を束縛されるところから窮屈に思い、これを心よしとしない人がある。このままでよく相手を打てるし、試合にも勝てるからかまわないとか、自分は楽しみにしているのだから、そんな堅苦しいことは言って欲しくないなどとなおそうとしない。これは我執の強い人、頑固な人、傲慢な人に多いが、特に技が多少上手になって、試合などでよく勝つようになった者は、兎角かかる心が起り易い。なおされた時には本当にわからないから自我の心の赴くままにしているが、やがてそれがわかりかけた時には、既に習癖となっているのでなかなかなおらない。

遂に進歩が止まり、あたら上達の素質を有する者がそれきりになってしまうことが少くないのでかような心を抱くことはまことに愚の骨張である。なおされた時にはなるべく早くなおすに越したことはない。気付いたら何時でもなおそうと努力するのがよく、この心さえあればたとい悪癖がとれないでしまっても、自己の悪癖を判り認識し、且つこれをなおそうとする素直な心持が人間的情操を豊かにする。何んにしろ悪いところをなおしてくれる人があったら、その忠言に対しては、心からの感謝の意を表さなければならない。自己の技が進み年長になるにつれて忠言をしてくれる人が少くなって来る。求道心の旺盛な人には忠言は己の至宝と心得べきである。予が二十八歳で武徳会の助教授をしていた頃、東海道各地を武者修行をして廻り、東京に来て八九個所の道場を稽古して廻ったが、或る所に行って、四十人余りの人と稽古をした後に、折り柄来合わせて居られた中山博道先生に、「君は相手と立合った時に、両手で竹刀を絞ってするが、此処に稽古をした者は皆君より下手な者ばかりだからよいが、上手の者に対してはそれでは損をするから、竹刀を握るには軟らかにして打つ時に絞って打つ方がよい」との忠告を受けた。其の時には口では「有難う御座います」と御礼の言葉を述べたが、内心では自分は毎日武徳会で稽古をし、武者修行に出ては四五十人を相手にして何ともないのにと、先生の忠言を馬耳東風と聞き流していたが、郷里の夏の講習会で、一時間半元に立って一般の講習生の稽古を受け、続けざまに後の一時間半を元太刀に立った先生達を次から次と全部稽古を受けた。その時は猛夏のこととて後の数人を受ける時には、気息奄々心身共に疲労困憊して堪え切れなくなった。それでも各人との稽古に自分から早く止めることを恥として、意地で立ち続けたが、最早相手を攻める気力、相手の打突にそなえる体力を喪失してしまい、どうでも勝手にせよと此方の堅固な構え、握りの絞りをなくして立って居ると、案外相手の打ち込む太刀は当らず、此方の打ち出す太刀は当る。労苦は半減する。剣道はこれでよく、何も気張って対する必要はないと思い、それからはこのような心持ちで相手に対することにした。夏休後武徳会に帰って稽古をしたが、このようにして構えて行ったら、人々は稽古が変ったという。小川金之助先生からも「稽古を変えたなあ」と言われたので、変えたつもりはないが、どういう風に変ったですか、悪くなったか、よくなったかどちらですかと尋ねたら、稽古に位が出来たと称された。この時、先に中山先生に注意された時は、若さの己惚れが強くてわからなかったが、先生の忠言の如何に有難いものかを、つくづく肝に銘じて感じた。

技を教授するに当って、専ら学ぶ人の自得するをまって少しも教えず、なおすことをしない人と、詳細に術理を説明し、一々注意をして教える人とがあり、そのどちらがよいかは一概に断定されないが、なおすには、よくその者の個性を知り、あく迄個性を失わしめず助長し、尚その者の進度の遅速に応じて、適宜に行うがよく、無暗に、思い付きによってなおすは、応々にして技に対する自信を失わしめ、かえって進歩を阻害することがある。試合の前などに余りやかましく直すのは、それ迄は欠点でありながら、その者の特別の長所となっていたものを、なおされると姿勢、打突の技などに関連して、得意の技が出なくなり、迷いを生じ、自信を失わしめ、試合を悪い結果にせしめることがある。又地力が出来ておりながら、僅かの悪癖の為によく行き兼ねている時など、ほんの少しのなおし、暗示等によって、見違えるようによくなることがある。かようにその者の時機に適合して指導するはむずかしく、偏えに指導者の手腕にある。

二　術理の教授内容

刀剣の製作があり、その運用のあった時には、自らここにどうしてこれを使用すれば最も効果的であるかの理法が生じ、これに従って刀法の術は学ばれた。理法の説き方は、上古より次第に進歩発達して来たのであるが、戦国時代から徳川時代にかけて多数の新派が続出して来た。その説き方の程度、並びに方法は、各流派によって、又説く人の性格、識見によって悉く違い、千差万別である。甲が是として立てた技の理法を、乙はこれを非とし、己が是とするものを甲が非とする場合がある。それは当然かくあって然るべきであるが、甲の是とする理法を、乙ばかりでなく、誰もやれないからとて、甲が体験、研究上立派に出来る理法であれば非とはされない。たとい誰もやり得る人がないものでも、(例えば流祖の誰かが述べた説等)それが理論上是とするものであれば、やれないからとて直ちに間違った理法とはされない。何故なればその時は力が足らなく出来ないが、更に研究と練習を積み重ねて出来るようになるかも知れない。さればなし得ないからの理由のもとに、軽々しくこれを退けるは誤りである。

剣道は実際に練磨するところにその生命があるので、技と一致しない理論は、空理空論となり何の価値もない。各流祖の立てた剣法は流祖の数々の経験と工夫、練磨によってつくり出されたものであるから大体に於いて貴重なものに違いないが、流祖から伝ったものだから絶対的に優秀とはされない。流祖と呼ばれて居る人が、皆技能、識見の実際に優れていない人であれば、その流ではどんなに金科玉条の貴重のものとしておろうが、価値の少ないものが多く、中には意味の通じないものがある。それにもかかわらず、ただ古いものを尊ぶというところから、盲目的に尊重している人がある。又昔の先生はかく言ったなどと、その人の如何なる人、その言を吟味するでもなく、古人の言、行は皆よいものとして、現代を誹謗する人があるけれども、古今を通じてよいものはよく、悪いものは悪いので、賞揚、誹謗は常にそのものの真相、内容を研究し、尚その人、その時に至高至善のものが、時代が変れば価値がなく、通用しないものがある故に、古人の言、伝言などを見るに、よく時代、世相を斟酌して評価すべきである。

徳川時代には、剣道の流派が五六百流あって、各流互に自流を尊重し、他流を貶して、専ら自流の発展をはかったが、かように互に競い合うところから、剣道全般から見て進歩はあったが、弊害となるところも少なくなかった。

「剣術においては流義の優劣を論ずべからず候、若此優劣を争ふものは、たとへば甲冑の主意をしらずして鎧はあながちに弓鉄砲刀鎗を防ぐものとのみおもふがごとし、剣術は本小武小芸にして、仮令刀剣の威武をおとさじとの数なれば、己が心の信仰練磨の位によりて、勝負は心に備るべし、常に鍛練数〱するに、竹刀を用る流義あり、木刀を用る流あり、真剣刃引を用る者あり、各々其主意ありて流義をたつ、たとへば刃引を用る流義より、竹刀を用て非を責、其虚間をせゝるがごときの事は、真剣を用て勝負の時は難レ成ものの也といふ、それ程の事を弁へざる疎き武士も又少かるべければ、況や竹刀の流義といふとも、其理をしらざる事はあるべからず、又竹刀の流義よりは、刃引を用てはおもふやうに打闘《うちあう》事ならず、若竹刀のごとく心に任せ力を奮ば立所に打殺すべし、竹刀を用るすら当処によりて絶入事もまゝ有レ之、其上少年の小腕のごときには、真剣の刃引用難しと、互に水かけ論に鏡のしあひをなさば、つゝまる処真剣の勝負を決するより外はなかるべし、是其本我仏尊しとするより事起れり、（中略）武人爰を以悟れ、優劣は其人の鍛練にありて、流義にあらず、勝負は其人の心にありて、鍛錬によるべからず、常に心を刀剣に置て、危き事を恐れ、威武を心に備ふるを、剣術の本意とせり、本心を以て芸をつかひて、芸の為につかわるべからず、

剣術何流にもせよ、最初は竹刀を用て手法を伝へ、木刀を用て手先を利《から》し、真剣の刃引を用て奥義を鍛錬し、竹刀、木刀を用て撃《し》闘《あい》すべし、只一ぺんにかたよるべからず候、学習しばくくして鍛錬功つもる時は、生死の勝負目前に明なるべし。」片島武矩著（武備和訓一）

昔はある人が弟子として師匠に入門する時には、流派、師の人物、技倆を知り弟子入をするが、その入門には、師の居室又は道場において武神を祀り、燈明、御酒を供え、誓詞をとりかわし、誓約書に記名、血判を捺し、師弟共に神酒を汲みかわして師弟の契を結ぶ。而して其の流に於ける厳格な規定に従って教授を受けるが、弟子は師に対しては絶対の尊崇と信頼を以てし、師の人格、技倆の悉くの感化指導を仰ぐ、師は人格の修養と、技術の鍛錬研究に怠りなく、身をもって指導薫化の任に当る。弟子が不行跡であれば、立ちどころに破門され、師匠が道にそむき、教授に難があれば、よい弟子は次第に去って、道

場は寂れて行く。されば各道場では師弟共に、道に従って修練精進して授受の道は行われた。これを学ぶには、初心の間は、師の教のみをよく守り、僅少でもこれに背くことのないように、専心これを学んで基礎をつくり、鍛初にも他を省ることをしない。初めから他流のよいところを学ぼうなどと思えば、兎角他流がよく見えて、自流に疑問を起し、柔順に師の教を聞き、真面目に習う気持がなくなる。かような心得では、遂に何物も得られず、進歩は望まれない。これは他流に媚びるとして各流に於いて堅く禁じられていた。

多年ある特定の師のもとに修練して、基礎が出来、ある程度上達してからは、師の許可を得て、武者修行に出で、或は他流の師に学び、他流の長所を学んで、自流の長短を知る、自流の練習のみでは、真に技の長短は知り得ないので、広く諸流、諸人に会し、修練することによって、一旦は自己の身についた形を破ることになるが、これによって啓発されるところが多い。

自流、他流の区別なく、孜々として研鑽に努め、遂には自他を離れて、自己独特のものを発揮する。ここに於いてある者は、自ら形を案出して一派を立てる者があったので、流派が数百の多きに達した。流派を立てる者の中には、真に奥義を自得したのではなく、門人を増すための売名的の者もあったが、それは別として、長年伝統的に一貫せる自流を学び、各流の特長を斟酌して、遍く研究練磨し、時に豁然自得するを得ては、その剣道は寔に貴重なものである。ここに風格、品位の卓越した剣道が生じ、人格の向上がある。古来の優秀なる達人は只管この境地に至ることを念願して精進に励んだのである。およそ学剣の士は名利を顧慮することなく、この心境に至るに徹底して修練することを希望してやまない。この三段の修練法を、守破離の教えとして述べられているが、学び方の順序はよろずの道に通じ、古今に於いて変りがない。

三　剣道の流派と形に就いての所見

前述の通りに、我が剣道は正徳年間迄は、各流派は各々自己の流派の特徴とする理合に基いて、形をもって修練されたのであるが、其の後剣道の防具が生じ、竹刀を持って防具のある一定の部分を打突し合うようになってからは、竹刀、防具を使用しない流派の外は、次第に各流の特徴を失われる傾向をたどった。真剣的理念はいずれも失われないが、打突の場所を定められてからは、自ら刀剣の使用、構えの形など変らざるを得ない。例えば八相の構えなどは、主として相手の肩を切りつけるのであるが、それが肩打ち（袈裟打ち）はなく、面打ちとなり、脇構えは主として相手の脇の下を下から切り上げるを立前とすれど、防具着用の剣道にはそれがないので、そのような構、刀法は平常の練習には必要がなくなった。されば大石進は、長竹刀をもって江戸の道場を荒しまわったが、遂には男谷精斉から真心影流定法の長さの竹刀を持って負かされたと言われている。それからは各流で長竹刀を有利として各流の定法の長さの竹刀を廃して四五尺もある長竹刀を使用するに至った。そこで幕府の講武所では、三尺八寸以上の竹刀を使用してはならないとの禁止命令を出されることになった。かように竹刀の長さも、この時代には各流の定法は破られた。山岡鉄舟の立てた無刀流ばかりは、近年（昭和のはじめ）迄は三尺三寸の当流定法の竹刀を持って練習を続けていた。最近ではこれをもって行うは殆んど見られない。明治時代には、各々自己の流を名乗る人はあったにしろ、自流の形の知らない人があり、形を知っても、練習にその形の特徴を表わして行う者はなく、各流の剣道のつかい方は、殆んど変りなく、ある変った特徴のすぐれた人があっても、それは其の人の得意とするつかい方、又は師匠の得意とするものに従うに過ぎなく、流派の特徴を示すものではなかった。

大正元年に大日本帝国剣道形（現在の日本剣道形）を制定されてからは、益々各流派を称える者はなく、日本剣道形に統一され、これに従って剣道は行われている。この形にしても、八相、脇構などと現在には行われていない構えがあり、これは昔から有った構えを形のみ示しただけで、その技は各構えの発揮する立前を用いず、一旦上段に振りかぶって正面に切りつける技を用いている。その他突くところを咽喉の部にしないで胸部にしている点、打ち方など現在の剣道とは多少違っている点など指摘されるが、大体に於いて理合にかなった然も真剣的刀法から余りにかけ離れないようにつくり出された形と思われる。

近頃この形と別に現在行われている剣道と一致して、形で行われる構、技は悉く竹刀で打ち合う剣道にそのまま利用出来るもの、現在の剣道の基礎となるような形を新しくつくったらどうかという問題がしきりに提唱されるが、実際つくるとすれば中々むずかしく、余程研究してかからなくては、つまらないものになり易い。それは古流に関係なく、抜き技、摺り上げ技、応じ技などの形をつくったとしても、ただそれだけであれば基本動作と変りがなく、技を知るだけにとどまる。形は打太刀、仕太刀がよく連繫を保って、互いの攻め合い、呼吸、虚実、気合、緩急強弱、残心、先、懸待の理合、位等の剣道に必要とするすべての動作、理合を含み、この形のみの反覆修練によって立派に剣道の修行が出来るものでなければならない。そうでなければ、切角形がつくり出されてもこれを行って少しも興味を覚えず、且つ体用の動作ばかりでなく、動作、技の奥に（蔭に）ひそむ心のはたらき、含蓄、気品などがなければ、技を磨き、心を修養するの何等の価値のないものとなる。或はかような高尚のものでなく、小学校、中学校、高等学校の生徒に必要な形をつくるはどうかとも言うが、興味の乏しいものは、強制的に教えても、それを常に楽んで実施する者がなく、従って無意味のものとなる。そんなものなら基本練習を行わせるだけで事が足りる。又かかるものが生ずれば人間は兎角安易のものにつきやすい心情からむずかしい日本剣道形のようなものは遂には実施されなくなる。故に新しい形をつくることは全然無駄とはされないだろうが、余程慎重に研究を重ねてつくらない限り、一時行われた撓競技のように真の剣道の精神を失い、かえって弊害となる。

又現在ではかなり有力な技の一つとなっている片手打、片手突などをスポーツ的見解から見て、正しい剣法の技と認むれば、昔の形にはないけれども、若し新しい形をつくる時には入れるべきではないか、又武道的見地から見れば、絶対に入れるべきでなく、この辺からも頗るむずかしい問題である。さて日本剣道形は現在の剣道から見て絶対によい形とは言われないが、兎に角この形が制定されてからは益々他の形を行う者が少く、流派を称えて自己の剣道は何流だなどと言う者がなくなった。ただ防具、竹刀を用いないで、形のみをもって修練している剣道のみが、何流と称して古のつかい方そのままの形を継承して、僅かに命脈を保っているが、それは全くの特種の人で、これを実地に用いる真剣勝負はなく、試合、他流試合もなければ、次第に行う人が少く、現在行われている流派は極めて減り、正に絶えようとする状況を呈している。剣道が世界的になろうとしている今日、ただに打突の勝負を主として行われている薄っぺらな剣道のみを、我が国の剣道としないで、古の達人等が苦心惨憺してつくった剣法の存する古流の形の保存を、国家で維持費を支給するか、剣道連盟で何かの方法を持って存続し、研究する必要はないものであろうか。現在はやわらという古流の柔道の外に、合気武道、空手術、拳法などと全国数百万の人達によって盛んに行われている時に、剣道も諸流を各方面より研究して各流の隆盛をはかることは、剣道の真価を深めると同時に、巾の広いものにする意味に於いて目下の急務のように思われる。

昔は、各流で技の特徴が他に漏れるのを警戒して、道場を奥まった所につくるとか、窓を高くして容易に外から覗かれないように注意したと言われるが、実際上には、各流とも左程違っているのではなく、ある優れた技はどんなものをも立ちどころに斃すなどというものがあったのではない。殊に竹刀、防具上の練習はそんな特別の技はあろうはずがない。精進の結果、ある技に習熟し、精妙に徹することによって、他を斃すに足る優秀の技となる。これ等の優れた技に達するには、よい師を得なければならない。然るに現在は、よい師に思いのままにつくことは容易に許されない。それは居住地の関係により、又学生時代には偶然によい師につき得ても、卒業すれば尚その師について学ばれるとは限らない。

この点から言えば昔は特種の人の外は尚一層至難であったであろう。各流で秘密を守って他言を厳禁し、ある教師に弟子入するには極めて厳格な作法を要し、殊に他流の者が師事するに於いては、容易に許されなかった。然も他流試合を法度で禁じられていた時代には限られた自流内での修練、試合にとどめられていたので、優秀な教師を求めてこれに教を受けるは非常にむずかしかったに違いない。されば相当の実力を有し、更に上達を望む者は諸国を武者修行に廻って、己の技を磨くに努めた。

剣道によって人格を高め、技術の進歩をはかるに、よい師範に長く従って薫陶を受けることの大切なことは言う迄もないが、ただこれをすれば皆誰でも優れた剣道家になられるとは限らない。人は各々天禀があり、又その人の道に対する心掛け、努力によって差が生ずる。男谷精斉のように兵原平山子竜の剣道の修行、識見、人格を欽慕して実際に手をとって教を受けたことはなくても、密かにこれを模範として学び達人の域に達した人もある。且つ剣理を調べる上に於いても、現在は秘密主義を守っていた時とは違い、各流の伝書、口伝、著書等を自由に披見せられ、どんなすぐれた先生からも教えを受けられないことはない。かように古と比べて修行には極めて便利なるに関らず、近来優れた人物の出ないのは、何時でも修行、研究は出来るものとして修行を怠るところから、理合の研究は、机上の空論となって物知りの域を脱せられず、修行鍛錬は皮相のものとなってしまうからではなかろうか。初志を貫徹せねば止まぬ修行の信念に燃えその為にはあらゆる艱難辛苦を克服するの気概と実行力に富んでいれば、たとえ多少恵まれない不備な環境にあっても、修行の心得次第で、その奥義を極められないことは無いであろう。

第三章　心理的理法

一　事理と達人の心法に関する諸説

事理は、昔の剣道伝書、目録に述べてあるところによれば、事は剣道の技術を言い、理は技術の理法を指摘し、いずれも術の方面を説いているが、もっと広範囲たる剣道の全体即ち心の用い方、心理的方面、道義的方面と術との一致する点を述べるのが適切であろうと思う。

剣道に於けるすべての攻防、打突には常に理法が追従する。例えば正面を打つ時に、両手の竹刀の握り方、気合、力の入れ方等が直ちにこれと関連し、尚互に相手と立ち合ったところには、既に姿勢、目付、攻防等の理法が生じなければならない。而してその技を達成せしめるには、頑健にして機敏な四肢身体のはたらきを要する。然も剣道はただ一人を相手にするだけではなく、時には多数を相手にする場合もある。又戦場などでは、数日の間飲まず、食わずに、峻険、荒涼たる山川を跋渉しなければならない。かかる時に処して、相手の一人、二人を斃しただけで疲労困憊するとか、僅かに駆けて息を切らし、一日の空腹で憔悴するようでは剣道の使命を達成されない。故にそれには合理的な体育理論、生理衛生をも学び、これに従って鍛錬するを要する。

剣道の理法は、術理の外に、道徳的、心理的に分けられるが、道徳的理法とは、人の履み行うべき道と、これを実地に具現する総ての行為の理法であって、心理的理法とは、精神の状態、意識の現象に関する理法であるが、剣道の修行に於いては、両者は極めて密接な関係を有する。

ここに古の達人の説くところの心法を若干引用して参考に供する。

「兵法の道に於いて心の持様は、常の心に替る事なかれ、常にも兵法の時にも少しも替らずして、心を広く直にして、きつくひっぱらず、少しもたるまず、心の片寄らぬやうに、心を真中に置いて、心を静かにゆるがせて、其ゆるぎの刹那をゆるぎやまぬやうに、能々吟味すべし。静かなる時も心は静かならず、何とはやき時も心は少しもはやからず、心は体につれず、体は心につれず、心に用心して身には用心せず、心の足らぬ事なくして心を少しもあまらせず、上の心はよはくとも底の心を強く、心を人に見分られざるやうにして、小身成るものは心に大なる事を不レ残知り、大身成る者は心に小さき事を能く知りて、心を大身も小身も直にして、我身のひいきをせざるやうに心を持つ事肝要也。心の内にごらず広くして、広き所へ智恵を置くべきなり、智恵も心もひたとみがく事専也。智恵をとぎ天下の理非を弁へ、物事の善悪を知り、萬の藝能其道々を渡り、世間の人に少しもだまされざる様にして後、兵法の智恵と成心也、兵法の智恵に於いてとりわけちがふ事有るもの也、たたかひの場、萬事せはしき時成りとも、兵法の道理を究め、動きなき心よく吟味すべし」

「宮本武蔵著　五輪の書」

この意は大体分明なれども更に詳解すれば「剣道に於いて心の持ち方は、平常の心持にかわってはならない。平常でも剣道をする時でも心持は少しもかわらないで、心を広く小さい部分的のものにとらわれることなく、よこしまな事をあれこれと考えないで真直ぐ正しく持ち、又一つの事にとらわれて堅くならないで、少しもゆるみたるむことなく、心が一方をのみ考えるように片寄らないで真中に置いて平等に見、考える、尚心を静かにゆったりとしながら八方に心をはたらかせる。その心をはたらかせる時にそのはたらきが止まることのないように充分に注意せよ。静かに構えた時でも心は八方にはたらいて静止してはならない。どんなに早い動作をする時でも心はさわぐことなく平静であり、即ち心は身体の動静につれてそれと一しょになってはならなく、身体は心の動静につれて一しょになってはならない。心にはあらゆる場面にそなえて用意周到にするが、身体は場合によっては随分危険なところに踏み込むようなことがある。又心はあらゆる機会にはたらいて、注意が及び兼ねるというようなことはなく、さらばと言って注意をし過ぎてためらって、活動を妨げることがあってはならない。然も心のはたらきによっての動静、攻防の命令は少しもあやまりのないようにし、外観上は静かに弱そうに見えても、真実の心は強く、心の強弱はたらきのすべてを人に見分けられないようにし、身体の小さい者は小さな技は知り易いが、大きな技には不覚がとり、こちらからも出し兼ねる事が多い故に、大きな技をよく知り、身体の大きな者はこれと反対に小技に心が抜けるからこれを充分知って、大きな者も小さな者も、心を真直ぐにしてどんな技にも精通し、自分の得意とするものにばかり頼り過ぎない心持が大切である。心に邪まなことを思わず、広く公平にし、そのところに千変万化の智恵を置くべきである。智恵も心も充分に磨かねばならない。智恵をみがいて天下の道理と不道理とを判断し、物事の善か悪かを知り、あらゆる藝能（ここではすべての武芸を言うのであろう）の性能をよく心得て、人に変った武芸又やり方等によってだまされないようにして、剣道の何ものにも屈しない智恵となる。剣道の智恵は別していろいろ違うことがあるものである。戦争の場合とか、万事急な時であっても、剣道の道理を究め、何物に対しても動かない心を持つことを充分研究せよ」との意

「人心之明知《ハ》、如《シ》二止水明鏡《ノ》一、何《ソ》向《ッテ》レ敵《ニ》而生《ゼン》二思慮念意《ヲ》一乎。雖《モ》二一毫之萠念《ト》一、明不レ可《カラ》レ不《ル》レ照《サ》、照《セバ》則《チ》敵亦《モ》感二応《ス》之《ニ》一。志慮念意《ハ》不レ可《カラ》レ不《ル》レ生《ゼ》。互《ニ》相生《ジ》相戦《ハバ》則《チ》勝因《ツテカ》レ何《ニ》得《ン》レ之《ヲ》乎。若《シ》不《シテ》レ會二得《セ》於太極本念之妙《ヲ》一。而不《レバ》レ熟《スルニ》二千従客無為之業《ニ》一、則《チ》兵法軽《シク》不《ル》レ可《カラ》レ談《ズ》也。」

（小出切一雲著「天真独露」）

小出切一雲は針ケ谷夕雲の弟子で、後に空鈍と改名、儒仏の学を修め、文武の達人である。宝永三年七十余歳にして歿した。天真独露は、全文悉く諄々として心養の妙法を説いているが、ここに掲げたのは其の最後にある一節である。

「人の曇りのない智恵は、とどまっている水明かな鏡のようなもので、何物をもうつさないことはない。どうして敵に向って相対峙した時に、どうしたらよいかなどと考え思う心が生ずるであろうか。生ずるべきではない。僅かに敵が心に何かしようかなどと思ったことは、明らかに心に照さなければならない。照せば敵もこれに感じ応じて此方を照す。

そこでどうこうしようとの考え思いが生ずる。互にその心を起して戦ったら、何によって勝を得られるであろう。それは天地自然のすぐれた深遠な道理をさとらないで、又ゆったりとしてせまることなく自然のままで作意するところない所謂自然に為すことがのりを超えないと言うような達人の技に熟さないでは、剣道の事は軽々しく談ずべきでない。」との意。

「我剣を把り、槍を揮て、敵を殺死せんと欲して前進すれば、敵亦刀を舞し、予を援て我を斬撃せんとす、於レ是乎敵の槍刀を架隔遮蘭し、支体を傷せず身命を全うせんと欲する意志胸中に生ずるを以て、初めに敵を一刀下の鬼となさんと欲する所の念力気焔、遂に間断作輟し、反て顧望逡巡し、或は徘徊踟躕す、唯其敵の我を害せんことを恐るる遑あらず、安んぞよく敵を制せん、況んや其心胆に透徹するに於てをや、然らば則ち如何にして可ならん、曰く、他の術なし、それ刃上は武士本色を尽すの地也、死することあって、生ずることなく、故に剣山火窟と雖も踊躍して突進すべし、況んや刀を以て斬り、槍を以て衝くが如きに於てをや、精一無雑必死三昧なること、殆んど餓鷹の鳥を搏し、餒虎の獣を攫むが如し、毫髪疑惧怯退の意なく、これを恐惧の関門を透得して独立自在の妙境に至ると云ふ」

（兵原平山子龍「剣説」）

「荘子刻意篇、感《ジテ》而後応《ズ》、迫《ツテ》而後動《ク》」

「司馬法曰《ク》、刃上果《スニ》以《テス》レ敏《ヲ》。」

「又曰《ク》、慮既《ニ》定《リテ》心乃《チ》強、進退無《シ》レ疑。」

「蔚繚子十二陵篇、勝《ルルハ》レ兵《ニ》似《タリ》レ水《ニ》、夫《レ》水《ハ》至《ル》二柔弱《ニ》一者也、然《ラバ》所《ノ》レ觸《ルル》丘陵必《ズ》為《ニ》レ之《ガ》崩《ルルト》無レ異《リ》也、性専《ラニシテ》而觸《ルル》レ誠《ニ》也。」

（兵原平山子龍「剣徴」）

平山行蔵は名は潜字は子龍号を兵原と呼び、世々幕臣として四谷に住し、文武に堪能で、兵学は会津の藩士黒河門節富に就いて研鑽し、武技は十八般悉く習得した。加之も礼楽や荊政のことから、農桑水利のことまで自ら講究して尽さぬところがなかった。其の学は兵法を表として、武芸を十八般と定めて之を門人に教授し、昼は武芸、夜は兵書と、一日も勤めぬことはない。著述も又非常に多く、兵原文稿を始の数百巻に上り、和漢の蔵書一千八十余部、城塞器械の図が四百二十余も集めて居った。文政十一年十二月七十歳で没去、（日本剣道史による）剣説の意は、

「我剣をとり、又槍をもって、敵を殺そうとして前進すれば、敵も亦刀や矛をもって我

を斬り斃そうとする。ここに於いて敵の槍刀を防いで、自分の身体を傷つけず、身命を全くしようと思う心が胸中に生ずるから、初めに敵を一刀のもとに切り斃そうと思った気力も、遂に無くなってしまい、かえってどうすればよいか迷いためらって敵が自分を殺そうとするを恐れるばかりで、心にゆとりがなかったら、どうして敵から勝つことが出来ようか。ましてその恐怖心が心の中に一ぱいに満ちるに於いては絶対に勝つことは出来ない。然らばどうしたらよかろうかというに、別にその方法があるのではない。一体刀で切り合うことは武士の本分を尽すところである。それには死ぬことを心に定めて、生きようと考えてはならない。かくて心を決すれば、剣の山、火の穴でも飛び込んで進むことが出来る。まして刀をもって斬りに出で、槍を以て衝きかかるなどのことはいと易いことである。何も考えないで、ただ必死の気持で突進するは、丁度餓えた鷹が鳥をとらえ、腹のすいてる虎が獣をとらえるようなものであって、少しも疑念を抱いたり、恐れひるむような心持が生じない。これ即ち恐れるという心を通り抜けて何物から妨げられることのない自由自在の楽な心境になるというのである」

剣徴は

「荘子刻意篇にいう自分の心に感じてからそれに応じて手を下し、進退押し迫ってから動き出すと言うので、共に此方から軽はずみに出ない、よく相手の所作に従って行動を起すを言う。」

「司馬法にはこう言っている。刀剣をもって戦い勝つにはすばやくなくてはならない。」

「又曰く、いろいろの思慮が定ってしまえば、心が強くなり、進むにも退くにも自在になって迷うことがない。」

「蔚繚子十二陵篇にはこう言っている。戦に勝つのは水に似ている。水というものは柔かく弱いところに至るものである。故に小山などに水が流れて行けば必ずこれを崩すのに異らない。心も正直でうそいつわりがなければ誠となる。」

神陰流の祖上泉伊勢守信綱は、「兵法は人のたすけに違にあらず、進退爰に究りて一生一度の用に立ち為なれば、さのみ世間に能く見られたき事にあらず。たとひ仕なしはやはらかに、上手と人には見らるるとも、毛頭も心の奥に正しからざる所あらば、心のとはば如何答へん。仕なしは見苦しくて初心の様に見ゆるとも、火炎の内に飛入磐石の下に敷かれても、滅せぬ心こそ心と頼むあるじなれ。」

「兵法（剣道）は衣食住をまかなう為に行うものではなく、主君の為とか、止むにやまれない事情があった時、一生に一度役に立てる為のものであれば、格別世間に能く見られることを望む必要がなく、たとい剣道のつかい方がやわらかく、如何にも上手と人に見られようとも、少しでも心の奥に正しくない所があったら、自分の心に反省したら恥しい限りである。つかい方は見苦しくて、剣道の初心者のように見えても、火災の中に飛び込み大きな岩の下に敷かれても、ちっとも恐れない心であってこそ、まさかの時に助けとなる大切なものである。」

又彼が剣道の極意を読んだ歌に

よしあしと思ふ心を打捨て　何事もなき身となりて見よ

おのづから映ればうつる映るとは　月も思はず水も思はず

塚原土佐守卜伝が無功の武士の為に書き連ねた百首の歌中に

武士のいかに心はたけくとも　知らぬ事には不覚あるべし

武士の心の鏡曇らずば　立ち逢ふ敵をうつし知るべし

学びぬる心の態にまよひてや　態の心のまた迷ふらん

刀剣をもって相対しては、相手を斃すか、我斃されるか二つに一つであり、一刀一度動けばいずれかの生死の運命は立ちどころに決する。かように頗る簡単な所作ではあるが、我敵を斃そうとすれば、相手も我を斃そうとする。乃ち時と処を問わず、何者にも不敗を希って、ここに運剣の理法、心の持ち様、修養鍛錬の必要が生ずるのである。攻防の理、目付、間合、先、虚実、明鏡止水、平常心等説くところの理合は、総て各流の達人が、刻苦自得したる剣理であって、これより更に進んでは万法一如、生死超脱等の境地に迄説き及ぼしている。

而してあらゆる理法は、悉く関連があって一つとして独立して存するものはない。例えば、平常心、明鏡止水、必死の覚悟を持つには内に、仁愛、正義、真実等の明朗にして、欝勃たる道義心を要する。心中に邪悪、不正、虚偽等の兆した時には、必ずや心は妄動して、焦慮の念を生じ、自ら頼むべき確乎たる信念を失う故に、かかる何物をも映すところの曇りのない心、不動の心は生ずべくもない。されば心の自在なる働きは、総て道徳的理念に基くものと言われるであろう。

世には人道の理非曲直を弁えぬ愚人にして剣術のみ達者な者がないではないが、これ等の輩は、僅かに剣をよくつかうというだけであって、剣道の極意に達するなどは思いもよらない。たとい竹刀をもって衆人より優るるとも、生死境を隔てるような場合に際会しては、忽ちにして卑屈な根生を発して、平生の強さは失せ、蒼惶として身の安全を希うに至り、日頃の修練は何の効を奏さないこととなる。

現在は真剣を用いての闘争はなく、且つ剣を使用するは殆んどない。又あってはならないが、道義心を蔑にした剣道は、剣道の本旨とする目的を達成することが出来ない。更に屢言うところであるが、剣理、道理に精通するばかりでなく、真剣的観念をもっての猛烈な修行鍛錬を続けることによって、正しい剣道を身につけることが出来る。されば剣道を学ぶに於いては最も初身の時から事と理の一致するを知り、剣道修行の観念を間違えないようにしなければならない。

二　心のはたらき

剣道はどういう人が強いか、弱いかは実際相対して剣を交えて見れば直ぐわかることで、深遠な理合を知っていると否とには関係がない。されど技に関する理合は常に技に追従するから、説明すること出来ると出来ないとを問わず、理合を知ることが直ちに技の強弱に波及することは言う迄もない。然も技に関する理合ばかりでなく、剣道に関する全般的の智識、指導能力、人格を具備した者でなければ、技がたといかなり上手なものでもよい指導者とはなれなく、又真に剣道を知っている人とは言われない。

理法には、技の所作に於ける理法と、未だ所作が発する前、又は全く所作と別個な心の働きがあって、これが剣道のあらゆる場面に関係し、影響するところが頗る大きい。故にここに心の持ち方を特に取り立てたのである。この理法が所作と相俟って完全なすぐれた剣道となる。されば単なる抽象的観念論に走ったり、実用的の結果論に陥ったりしては、剣道の一部分を知るに過ぎず、場合によっては剣道の真価値を冒瀆することになる。学び得た心養の工夫、諸々の理合はもとより、口にも筆にも表わされない微妙なものを、実地に鍛練、研究を重ねることによって、真にそれが身につき、その人の優秀な技となり、不動心となり、人格となる。

剣をとって相対峙した時、相手に対して、又相手の剣に対して、恐怖心を起し、或はいろいろの疑惑を生ずるなどは、剣道を学んだ人は誰しも経験しているであろう。これ等の心の動揺について、古人は驚懼疑惑の四戒を説いて、これ等の心の生ずるをいましめ、且つ心の置きどころ、不動心、平常心、明鏡止水等を述べている。これ等は実義は異るが、内容は皆同じで、其の他、虚実、懸待一致、残心、放心、等のあらゆる理論は、悉く関連して居り、其の一を詳細に説こうとすれば、殆んど全部に触れるのが多い。然もこれ等は常に因となり、果となって離れられなく、全然別の意味となって相対立するようなものではない。ここに剣道に於ける心意の統一された理論が成立する。これが即ち萬法一如であって、萬の理論は窮極するところすべて一に帰することとなる。

例えば、各流で先を説いているが、それには相手と対峙した時には、相手より気合や動作が後れてはならない。相手の機先を制して打ち込むことによって、勝を得られるという。又一方では、懸待一致、敵に従うの勝を説いて、無暗に先に打とう、勝とうとして、打ち込んではならない。かくすればかえって相手に乗ぜられて敗を招くという。両者は一見相反し、全く雙方別の事を教えているように思われる。先の問題は古来人によっていろいろ説いているが、その先と後の先、体の先と用の先、懸の先と待ちの先と二つに分けて説いているのが最も多く、これが煩わしくなく、最も解り易い。故に二つの先をもって説明するに、相手の動作が形に表われない中に打ち込む先と、相手の動作が形に表れてから打ち込む先とを言うが、相手が動作を表して、此方を打ちに出たのを、出鼻、又は太刀を摺り上げ、又は抜き、又は受け流し、応じ返して打つなどは、先とはいわれないように思われるが、こちらの気が先になっていなければ、相手の打ちに対して、突礎に勝を制することが出来ないから、これは後の先というので、即ち形では後になっているが、心は先となっているから、これを後の先と言うのである。

又懸待一致には先は含んでいないように思われるけれども、後の先のあることを知らずに相手に早く打ち込んで勝を得ようとすれば、心が浮きたち、心気が虚になって、其処をかえって相手から利用され敗を招く。又後の先で打たれることのみを考えて、相手が打って来る隙に乗じて勝を得ようと相手の打ち出すを待っておれば、心気が後れ、心並びに体、技が渋滞して敗を受ける。故に待つ中にも常に攻勢の気合、用意を失ってはならない。旺盛な気合がいつでも身に充満して、先の心を失わずに居れば、何時でも心がその必要に応じて自在の働きをなし勝を制することが出来ると言うのである。

「敵に従うの勝」というのも、敵に勝とうという心が先になり、焦ったり、血気にはやって軽はずみに打ち込んで行くは、その虚につけ入られるから、敵に技を出させ、その動きに従って間をとり、自在に応じて、其の際敵の挙動をよく察知し、打つべき機会を観破して、これに後れず、早まらず打ちを出し、勝をとるというので、古人のいう勝負をする場合は、「勝とうと思うな、負けまいと思え」との教えと同じ意味である。

敵をただ打つと思うな身を守れ　自ら漏る賤が家の月

とも言って居るが、かく比較して見れば、先をとると言っても、無暗に打ち込んで行くものではなく、懸待一致といっても、先を必要としないと言うのではなく、本心の教に於いて雙方少しも矛盾するところがない。又これに関連して、平常心、不動心などという心の用い方が、自ら必要なことを推察される。

然らば一つの理合を説けば、悉く言い尽される故に、他は説く必要がないかというに、前の例をもってすれば、先を説くに於いては、敵と相対峙した時には、毛頭敵に気合が後れてはならない。徹頭徹尾先に出る心持で、旺盛なる気合をもって、何時でも打ち込む用意があり、間髪を入れず打ち込まなければならぬという攻撃精神、敏捷に敵の機先を制するところに主眼を置く。懸待一致は決して先の心持と相反することなく、結局は同じことを述べているのであるが、懸るを待つの雙方に於ける得失を明かにし、懸と待とはいずれにも特長があると同時に欠陥もあれば、どちらにも偏ることなく、懸る中に待つ気があり、待つ中に懸る気があり、攻防不離の心境を説明することに重点を置いている。更に平常心、不動心、無念無想などの心の持ち方は、実際相手に対しての心のはたらきに於いて、前の両者と殆んど変りはないが、両者のように局部的に説くのでなく、万般に亘って、心を広く、公正に持つべき教であって、自己の慾望とか、観念とか、又はある事物の現象によって、心を動かされてはならないとの公明、不動を主とする。かように各々その最も強く言おうとするところに重点を置いて説くので、時には両者は根本的に違うものではないかと思われる場合が応々にして生ずる。而してそれ等の理法は、各人説くところの信念、性格、思想によって多少の相異のあることは免れない。

又一つの理合をいろいろ異った説き方をしている。例えば目の付け方によれば、或る人は相手の顔面に付けよと言い、或る人は目に付けよと言い、或る人は剣先と握りに付けよ、又或る人は帯の辺に付けよと言う。而してこれ等の述べるところは、何れも多くは自己の体験より出で、これをもって達人の域に進んだ人の言とすれば、いずれが是、いずれが否と軽々しく断定することは出来ない。それは各々その付け方を実際に用いて修練し、最もよいと信じての説であれば、種々研究実施してそれよりも別のものの方がよいとか妥当であるとは言い得られるが、説を立てた人に対して、間違っているとは言われない。其の人の是とするものは其の人に於ける体験から生じた信念で、絶対的なものであり、他人の容喙を許さない。

顔に付けると言う人の説は、総ての動物の現れた時にこれを突礎に見るに、尾や足や体がどんなに普通のものと変って居ても、決してそれ等の変ったところを見ないで、先ず顔面を見て、それから諸所に及ぶのが本性であるから、剣道でも顔を見るのが最も自然の目の付け方であると言う。又目に付けるの説によれば、喜怒哀楽よりすべての心の変化の現れは、悉く目に出るから、目を見れば、直ちに相手の心の働き、行動を推知されると言う。剣先と握りに付けるというは、剣の発するは、剣先と握りの二つであるから、この二つを見ておれば、すべての相手の動作を観破されるという。帯に付けるというは、脇目付とも言って、相手の目とか顔を見ると、当方の打とうとする意志を相手に察しられる故に、帯の辺に付くれば、容易に相手から察せられない。されば其処に付けるのが最も正しい目の付け方であるという。これ等はいずれにも各々確乎たる頼むべき条理が存するので、然らばどの説に従うのがよいか、経験の浅い者には誰にも惑い決し兼ねるであろう。

然るにこの理を尚深く探究して見るに、何れの人の説にしても、その言う所の個所を凝視するというのではなく、ただ其の部分に付けるというに過ぎなく、全体に心をくばり、常に相手の心を洞察する心眼を最も強く、鋭く働かせるということには各流各人同一のようである。これを遠山の目付などとも言っている。この理を宮本武蔵は、目のおさめ様は、目に力を入れて見開かないで、常の目よりもやや細めにしてうらやかに見るようにし、又目の玉を動かさないようにすると、又「観見の目付」で観の目強く、見の目弱くして相手に対せよと教えている。このような理を説かないで単に部分的の見方を教えているのは、初心の者を教えるに、相手の身体の全体を見よとか、心眼をもって見よと言っても、わかろうはずがないので、初心者の最も惑わない、然もより有効と思われる目付をもって教えたに過ぎない。

ここに最も合理的に思われて、最も広く教として説かれている、相手の目を見て行うと言う説であるが、何る程相手の目には心の動きが全部表れるから、これを察さに見て自己の行動を示すというは、極めて妥当な目付のように思われるが、近視眼で、又薄暗くて面の中にある相手の目の見えない時にはどうするか、又相手が一人の時にはこの理は成り立つが、大勢で四方から来られた時に、一々相手の目を見て剣道が行われるであろうか、かく思いめぐらせば、目に付けるというは、一人の相手で、相手の目をよく見られる特別の場合にのみ適用されるが、剣道全般の目の付け方にはあてはまらない理論としか思われない。

相手の一部分を凝視するは、そこに心がとらわれて、心身共に居付くところから、全身を一目で見て、心の眼をもって相手の心を観るという気持で相対する時は、たとい都合によって肉眼で見るを得なくとも、心に映ずる相手の千変万化の動きを知り、自在のはたらきを為し得られる。この目の付け方を心得て居れば、形に示す前述の部分的の目付は、たとい何処であっても大した問題ではない。これをもって見れば、各人の異説は、各々体験によって生じた貴重なものではあるけれど、その異る点は、要するに技葉末節に過ぎず、その根本原理というべきものは、各人同一で、その心の赴くところは、総て一つの理合に吸着する。

三　心養の工夫

剣道の理合に関しては、古来多数の人々が技に就いて、心用について種々に説いて居り、而してその説くところの理合は、各人によって異って居りながらも、何れも大同小異で、各人述べようとする意図には大した違いのないことは前に述べた通りである。しかもこれ等の理合は何れも極めて貴重なものである。なかんずく其の最も重要にして根本となるものは、自己の心をどのように持つかにある。

心の問題になると、兎角余りにむずかしく考え、懸待一致、不動心、虚実などと一足飛びに思い及ぼして、或は先哲、剣聖等の言に頼り、或は儒仏の教えを借りてこれを知ろうとする。又他と関連なしに、これのみを研究するに於いては、たといこれ等の字句、概念の一通りを知り得ても、剣道との関係を真に会得するは困難である。高度の理合を研究するは、相当の修行がつみ、実力の備った人にして有効なのであって、初心の中からこれ等にかかり合っては、剣道は少しも上達しないばかりか、これに没頭すればする程、益々実際の修練とかけ離れて、ただ空論を弄ぶつまらない結果となってしまう。

それで剣道の理合を知り、剣道に役立てるには、修練と相まって極く手近なものから次第に順序を逐うて研究すべきである。

剣道に於いて、あらゆる理合に通達するの必要は申すまでもないが、更に大切とするものは、剣を持って相対峙した時の心構えである。これは別にむずかしい理合ではなく、誰にも持たれ、又事実上何人も持っているものである。持つものは真剣であろうと竹刀であろうと、戦うからには、勝ちたい、負けてはならないと思うは万人変りがない。ただその心に徹すると否とにある。相手を打ち倒そうとする烈々たる気魄を持ち、他に妄想邪念がなく、一心不乱になりきることである。真にこれに徹するを得れば、恐るべき強さを発揮する。

宮本武蔵の許に一青年が訪ねて来て「拙者父の仇を討つことを願い出て聞き届けられました。先生どうぞ必勝の太刀を伝授して下さい。」

「勝負の日は何日であるか。」「勝負は明日であって、已に場所は定められ、竹矢来も結ばれてあります。」「其の方はこれ迄剣道を学んだことがあるか。」「学んだことはありません。太刀をとったこともありません。」武蔵は青年の言うところを聞き終って、「其の方の孝心は見上げたものである。宜しい、自分は必勝の太刀を知っている。おまえにそれを伝授しよう。」と受け合った。そして教えて言うには、「先ず左手に短刀を取り、それを横上段に翳し、右手に太刀を持った儘、敵に向って真しぐらに走って行きなさい。そうすれば敵の打ち下す太刀がおまえの左剣にがっしりと当る。其のがっしりと当るを合図に、右の太刀を以て敵の胸先をグサと突きなさい。がっしと当らぬ前に突いてはならない。がっしと当ってから後れて突いてはならない。全くがっしと当ったのを合図に、早まらず後れずに、直ちに突きなさい。」そして武蔵は、その青年に終夜太刀の練習をなさしめた。一心不乱の効果は恐しいもので、青年は一夜の中に教わった太刀筋を会得した。武蔵は大層喜んで、「これならば必ず勝つ。明日勝負の場に行ったならば、先ず腰を下して心を落ち付け、よくおまえの足許の地を見なさい。もし蟻の這い出しているのを見たら、必勝のしるしである。自分は宿に居て、摩利支天（武の神）の必勝の法を念じているから、安心してしっかりやりなさい。」と言って励ました。愈々仇討の時刻が近付いたので、青年は足許の地を見たら、沢山の蟻が這い出ていた。青年は益々気丈夫に思って敵に対し、首尾よく敵を打ち殺し、父の仇を報じたと言う話がある。

この話を更に考えて見るに、武蔵の青年に教えた言は寔に徹底している。先ず「其の方の孝心は見上げたものである。」と言って青年の明日の闘いは、決して私利私慾によるものでなく、親の仇討をするという天地に恥して恥じない正義の戦いであるという観念を本人に対して強調した。（当時は親の仇を討つことは、公然と許可され、然も美徳とされていた）次に「我は必勝の太刀を知っている。それをおまえに教えよう」と言って、敵を討つところの必勝の一太刀の技だけを教えた。敵が若しかざしている太刀と反対の方からとか、小手とか胴とかに打って来られたら直ちに斃されてしまうではないかとも思われるけれども、そこは武蔵の度々の真剣勝負で体験した信念で、俗人の憶測するようなものではない。且つ明日の試合であるのに、これ迄剣道を学んだことのない者に、かれこれと種々の技を教えたところで、絶対に覚えられるものでなく、かえって迷うばかりで何の益するものがない。故にただ一本の技を教えて、これに専念修練せしめた。次に「明日勝負の場に行ったら、腰を下ろして心を落ちつけ、よくおまえの足許を見なさい。蟻の這い出しているを見れば、必勝のしるしである。」と又、「我は宿に於いて摩利支天の必勝の法を希念しているから、安心せよ。」とは其辺に蟻の出るは、武蔵があらかじめ知っていたのに相違ない。これから勝負をはじめるには、心を落ちつけて無念無想にならなれけばならないとか、気海丹田に全精神をこめて臨めなどと言っても、初心者にはどうすればよいのか中々わからない。それで足許の蟻を見よと言えば、自然に目を下にやる。そこで心が上ずらないで心がおさまる。そしてこれを見ることが出来れば、必勝のしるしであると更に自信を与えしめることにした。然も剣聖といわれる宮本武蔵が摩利支天という武の神に必勝を祈願しているとは、この青年には千万人の後援を得たよりも気丈夫なわけである。これ等の言をもって青年を励まし、必勝の技を教えたのは、言行悉く必勝の信念を強く持たしめ、本懐を遂げさせたのである。

これは初心者、熟達者を問わず、敵に対するの心得であって、竹刀上の試合でも、試合中種々の事を考えるのは、かえって敗れる原因となる場合が多い。若しつかい方を考えるなら、試合をする前であって、一旦相手と立ち合ったら、相手を打突するの一念あるばかりである。種々の立ち合ってからの所作は、すべて臨機応変、敵の心の動き、技の変化に従って施さなければならない。この敵を斃そうとする一念が即ち無念無想というべきものである。相手を斃そうとするも、自己をなくして相手に対するも、要するに一心不乱になることで、言い換えれば敵もなく我もない無念無想であるが、この境地になるのは、初心者にはどうすればよいのか容易にわからない。無念無想とは何をも考えない意味として、何をも考えまいとすれば、考えまいとすることを考える故に無心にはなれない。さればと言って考えの浮ぶに任せ、心の赴くままにすれば、次から次へと果てしなく雑念が生じて心の動揺は遂におさまるべくもない。座禅をして妄想が浮ぶ時には、何処迄も妄想を追究して行く方法と、妄想雑念を払い除けて無心になろうとする二つの方法があるそうだが、要するにどちらも無心になる為の手段である。剣道は互に相対峙してはそんないとまがない。敵に対してから種々の雑念の生じた場合には、最初立ち合った時の心持にかえり、ただ敵を斃すのに一心になるように努むることが、無念無想になる為の最も近道である。剣道に於いて無念無想になるは、心技ともに自在の働きをするのに極めて肝要ではあるが、無念無想で敵に対すれば、これだけでどんな時にも常に勝を得られるかというに、そうはゆかない。相手も同じ心持で我に対し、然も不敗の構えでいるところに、無暗に打ち込んで行くのは、如何に無心、無心から生ずる技であっても効を奏し得ないばかりか、かえって相手から乗ぜられ敗をとる。

されば打ち込む時、又打ち合いの攻防中にも、敵のいずれが実であるか、虚であるかの隙を見分け、その隙に対する攻防撃突の所作は、殆も光が隙間を漏るほどの速さで、隙を見付けた時には技が其処に行っていなければならなく、且つその技は適切正確であらねばならない。この処置を誤れば、直ちに勝敗に関係し、真剣であれば、致命的となる場合もある。

相手と対峙して、相手を正確に打突する為には、先ず隙を見付けることが肝要である。隙を見るは、ただ肉眼で形の上に於いて見ようとしては、兎角後れて打突に間に合わなかったり、錯覚を起し易い。故に武蔵の言う観の目、一般に言う心眼で、相手の表れた形ばかりでなく、動作に表われる前の心の変化、並びに働きが、種々の動作に現れようとする機微のところを直覚的に洞察するのである。それには自分の心を、一点の雑りのない清浄無垢なるものとし、依怙のないように総てを平等に見、且つ天地大自然と合致する大静の心をもって、大きく高く、広く、平らかに見ることによって、相手の心の働きを隈なく我が心に映すことが出来る。最初立ち合った時には、心がよく澄みきっていたのが、早く打ちたいとか、立派な試合をしたいとか、他人によく見せたいなどの慾心を起し、又は諸々の邪念によって、心が少しでも動揺すれば、心の鏡が忽ちに曇り、微妙な相手の心を見抜く正確さを失う。

自分の心に相手の心の動きが映った時は、直ちに攻防の理合を直観し、或は打突の技に出で、或は相手の虚を攻め立て、或は間合を切って相手の鋭鋒を避け、或は出鼻を挫いたり、時宜に応じて最も適応せる動作に出なければならない。而してそれには最も敏速を要し、少しの停滞をも許されない。彼我の間には一刻といえども同じ状態はないのであるから、僅かに逡巡することによって、瞬時にして全く別の条件になる。されば最も有利な攻撃の好機にあったのが、反対に最も不利な守勢に置かれるようなことがある。されば攻勢の好機を発見した時には、一度功を奏しないでも、次ぎから次ぎと弛緩することなく、旺盛なる気勢をもって相手を斃す迄攻め立てるべきで、若しその間守勢に立たせられる時があったとしても、或は間合をはずし、或は相手の打突の太刀を払い、切り落し、或は虚をついてなるべく早く攻勢に立ちかえる工夫を必要とする。

後世に迄称えられる名品一個を作製するに当って、如何程作者の苦心、努力、並びに複雑多端なる経路を辿って来て居るか想像に余りある。剣道の達人が表した精妙な技に於いて又然り、その技の生ずる迄の精進努力、精緻な心づかいによる貴重なものであるは、両方とも変ることがない。一は作品として形をとどめ、一はその技の生じた瞬間にこれを見た僅かの人の印象として残るのみである。尚これを厳密に言えば非凡な技を生ぜしめた当人が知るのみで、他には誰からも知られずに消滅してしまう。かように自他共に許すような卓越した芸術品、技が失われるは、これを生ぜしめた人に於いては、言い知れぬ淋しさを覚えるされど更によく考えて見ればそれが有形の物、無形のものにかかわらず、それが無くなっても、総てが無くなるものではない。たとい形がなくなっても過程が消え失せても、この優秀のものを生ぜしめた経験は、大きな満足感としてその人の意中に残る。且つその人の生存する限り、再びかような優れた品をつくり、卓越した技を必ず生ぜしめられるとは言われないが、この経験がもととなって、他日これと同等のもの又これ以上のものがこの人に生ぜしめられる可能性はあるであろう。剣道に於けるある動機によって、意識的に又無意識的に生じた一つの技は、その生じた事実を後に考え、幾度となく練習をし、真にその内容を会得して、我が物とすることが出来る。而して何時か同じような機会に遭遇した時には、偶発的ではなく、確信のある技として生ぜしめることが出来るものと思う。

達人どうしが相対峙して、互に隙をねらい、一本の打ちを出さないでも、そこには寸分の弛緩がなく、攻め合っているのを見る時は、自ら気息がつまり、優秀な打突の技を見ると同様、或はそれ以上の感激にうたれることがある。それは相手を攻めた時とか、巧みに打った時とかの結果的に外に表れた用（心の働きが動作に表れたもの）よりも、この用の前の心の働き体（心の働きが動作に表れる前のもの）に一層技術に関する深さがある。それが鍛錬を積み重ねて卓越した威となるので、これらの感激は達人どうしの威の表現に外ならないからである。

技の未熟者にも、応々にして達人の技に比すべき優秀な打突の技が出ることがある。本人はこれを得意とし、一般人はこの技を称揚するが、真の具眼者は左程に称讃しない。それはよく打った、よく当てたというだけで、その技の生ずる迄の根抵となる威がないからである。そこに一本の打突の技にも、達人の技と凡人の技との差違がある。

されば攻防の懸引、間合のとり方、打突の技に当を得、然もこれ等の技が威を根抵として発するものとすれば、総ての技にはいずれも深遠なる理合のあることを知られる。かような合理的の進退、所作に細心の研鑽に努め、一旦勝負の場に立ち向った時には、これ等の理合に心をとらわれることなく、無念無想とならなれけばならない。この心持ちを古来離勝、放心等の術理をもって説いている。而してこれ等は悉く心の発動に基因し、尚心は磨けば磨く程優秀に赴き、その進展は測り知られない。

剣道の奥義を極め、人生を悟り得た所謂達人、剣聖と言われる人も、その元は一本の打突の技を忽にしないで、孜々として努め次第に深遠の境地に及び、幽玄なる真理を体得した人に外ならない。昔剣道を教授するに当って、先ず清掃を毎日行わせたなどは、大層意味深いことで、これのよく出来ないものが、剣道の上達するはずがない。誰でも容易にやれて苦労の多いことを最初にやらせて、其の人間の仕事のやり方、それ等に対する辛抱、心懸け等をよく見抜いて、徐々に剣道を教えた。これは剣道の技を教えるに基本動作を最初に教えて指導しているが、清掃、小間使などをさせるのは、心を磨く上の基礎訓練ともいわれるであろう。それをこんな雑事をするは剣道と無関係のものとし、ただ目前の利害得失にのみに走って、早く上手になろうとこれを卑下し、疎かにするは、一見無駄な時間をはぶいて、専心直接の修行にたずさわることから賢明な学び方と思われなくもないが、実は最も根本となる心の持ち方を違えることになる。それは仕事に対する苦労の体験を経ていないところから、剣道を学ぶに当って僅かの苦難にも堪えられなく、挫折してしまうことになり易い。又遙かに高遠と思う剣道の理念は直ぐ近くにあるので、日常の行為の中に一として剣道と関連のないものがない。真に道を学ぶことに専念すれば、総ての行為はもとより、見るもの、聞くもの世の中のありとあらゆるものが、修道の助とならないものはない。この理を明かに知れば、剣道を修練して体得したる理念は、すべて天地万物の道に合致し、あらゆる人間の行為、思想に具現する。太阿記の「天地未だ分れず、陰陽到らざる処に徹すれば、直ちに功を得べし。」との教、孟子の「万物皆我に備わる。」との卓識、又宮本武蔵の「兵法の理に任せて諸芸、諸能の道となせば、万事師道なし。」の達観によれば、これ等達人の徹底したる万法一に帰するの信念は、人間界の現象総てにつながり、然もその根元をなす真理は、道に二つなしの意味を如実に示している。即ち剣道の術理は、総て心によって養成せられ、心のはたらきは宇宙の真理に基くものとすれば、この三つのものは不離の関係にあって、未来永劫に渡って、悠久不変の歩みを続けられるものと思う。

第四章　剣道の学び方

㈠　剣道の上達をはかり、真の剣道を身につけるには、先ず正邪善悪を弁え、その道に従って修練するを要す。心正しからざれば、剣正しからずと言われている通りに心が邪であれば正しい剣とはなり得ず、上達は覚束ない。

㈡　よい教師について指導を受けること。教師に対しては恭敬、服従の念をもって、絶対に信頼し、よく教を守らなければならない。教師は技術に及ぼす影響が大きいばかりでなく、精神、人格に及ぼす感化が著しいので、なるべくよい。殊に人格の優れた教師を選択し、師事するのが肝要である。

㈢　剣道には事理一致という教がある。これは前に屢々述べたが、事（技）がたとい偶発的に成功しても、これは所謂盲ら剣道というたぐいのものが多く、従って単なる打突の技は真の剣道による価値は極めて少ないものである。而してよく打突し得たことに満足し、試合で勝ったのを得意として修行を怠っては更に業の向上は覚束ない。又事（技）のともなわない理は、机上の空論となり、実際には効果がない。

殊に業の未熟な初心者が、徒らに高尚な理合に専念し、又儒仏の悟道を穿鑿するなどは、修行には害があるのみで益する何物もない。普通の剣道の理法でさえ、これにばかり拘泥するは技が萎縮して、結局身動きのならないはめに陥る。

一体剣道は初めてから暫く練習をしていると、目が見えて来る。即ち相手の面が空いたとか、何処が防いでいるとかわかり、それから相手の剣先が突き当りそうで、うるさい、こわいなどがわかる。さらばといって打突しても当らないばかりか、かえって此方が打たれる。又打突に出ることさえ出来ない。それは業とか気力がこれにともなって上達していないからである。修行鍛錬を積み重ねれば遅かれ、早かれ必ず空いている処を打突され、又剣先が邪魔にならなくなって来る。

㈣　稽古の数を多くすること。人には性来利発の者と痴鈍の者とあって、同じく剣道を始めても或者は早く進歩し、或者は中々進歩しない。これは止むを得ないが、早く進歩しよく相手を打突する利発の人（器用の人）でも自分を天才と心得て修行を怠れば忽ちにして進歩はとどまってしまう。痴鈍の人（不器用の人）とて修行を続けよく教師の教を守って鍛練に精励すれば次第に熟達して利発の人を追い越し、遂には大成する。

剣道は手先だけの器用、不器用で巧拙の定まるものでなく、心の働きがそれより遙かに多く影響するものである。最も大切な心の修養鍛錬は撓ゆまず倦まずになるべく稽古の数を多くすることにある。

天性強壮大力の者と、柔弱非力の者との関係も大凡この理に該当する。

㈤　剣道に限らずよろずの学術、芸術を学ぶにその根元となるものをしっかり身につけることが極めて重要である。それがなくては苦労して学んでも、中々進歩が表れない。基礎となるものは、その教える師によっていろいろ異り必ずしも一定して居らない。礼儀作法を基礎とするあり、専ら清掃をせしめて恭敬の心を発せしむるあり、碁、将棋であれば定石を知らしめるのも其の一方法であろう。木村名人は定石の本を買えないので苦心惨憺して考えたが後に定石の本を見たら、前に苦心して考えた手が殆んど本に記されてあったと言う。

剣道では現在は基本動作として教えられているが、素振りをもってこれにあてるのもあり形をもって基礎とするものもある。私は昭和二十年に鹿児島に行って東郷示現流を習った時、庭に立ててあった棒杭を跣になって細い棒を持って朝の八時から夕方の四時迄、昼一時間休むのみで、棒を頭上に振り上げて棒杭を左右斜に打つ（切り返しの要領）ことを二日半せしめられ、それから形を教えられた。これは形を教わる前の基礎には違いないが、これが示現流の本修行のように思えた。兎に角基礎となるものをしっかり修得することが最も大切である。

㈥　さきに稽古数を多くすることを言ったが、沢山稽古すると同時になるべく教師は言うに及ばず己より上手な人を選んで稽古する。先生に一本稽古を願うは朋輩と十本稽古するよりも有効である。先生と稽古して打つ打たれるは問題でない。先生から打たれどうしで自分の太刀は一本も当らないでも、又まぐれに当ってもそんなものはどうでもよい。先生と願った直後に朋輩とか先生に劣る人に稽古に行った時に最初からその人と稽古するより非常に気が楽でやり易く感ずる。それだけ先生に行って攻められたのが為になっているのである。

又稽古中によいところを一本打たれた時には其処を同じ技で二度と打たれないようにし、若し再びその技を出された時には、それを避けるか、受けとめるにとどまらず、直ちに反撃するだけの注意と気力がなければならない。同じところを同じ調子で三本も四本も打たれてぼんやりしているようでは進歩は覚束ない。どうしても避けられない時はその人と他人のするを注意して見て居り、見習うべきである。

ここに見学の貴重の意味がある。この意味から稽古のやり易い人よりも、自分にとってやりにくい人と稽古をするは自分の短所をなおす意味から有益である。

剣道とは何か

剣道とは何か。何をするのを剣道というか。本当の剣道は真剣をもって切り合うのをいうであろうか。若しそうであるとすれば、刀法に叶うも叶わぬもなく、巷間の喧嘩《けんか》口論より起る刃傷沙汰より、子供の戯《いたずら》に小刀をもって切り合うに至る迄、悉《ことごと》く剣道となる。そして竹刀の稽古や、木刀を持って行う形などは剣道でない事になってしまう。誰にしても、木刀竹刀の稽古が剣道でなく、喧嘩の切り合いが、剣道であるという人はないであろう。即ち単なる切り合いそのものが、直ちに剣道とはいわれない。

然らば竹刀木刀を持って打ち合うのが剣道であろうか。これも亦、ただ打ち合うだけでは剣道とは言えない。子供が竹を持って、打つべき場所を定めて、互に打ち合い、勝負を争うようなものは剣道とは言われないであろう。それは単に遊戯《ゆうぎ》に過ぎないからである。

剣道は、刀剣を使用する教習法であって、遊戯ではなく、飽《あ》く迄真剣の心持を失わないで行う刀法でなければならぬ。即ち刀剣をもって、我身を護り、剣の理法を修練するの道が、剣道であって、剣道修練の目的をもって行われたものであれば、その持つものが、真剣でも、木刀でも、ただしは棒切れでも、すべて剣道と言い得られると思う。そしてその理法を研究し、修行鍛練して行くところに、剣道の真価が認められ、ただそれが攻防に備えるに役立つばかりでなく、心身を鍛練することによって、偉大なる精神、頑健なる身体、崇高なる人格等を、養い得られるのである。

それで剣道とは、何をするのであるかというばかりでなく、剣道の真相というべきものを更に広く、深く思惟探索して、一方に偏した、即ち技術ばかりを重じて、精神、道徳方面を蔑にしたり、道徳とか、理合ばかりを重んじて、技術を軽んずるようなものでなく、本当の剣道をよく知り、又剣道は何を目的にするか、又それにはどういう価値があるか、即ち剣道は、他の修養法を借りないでも、それ自体で、道徳的、精神的修養を得られるとして、どういう点が修養になるか、他の修養法に比較して、剣道の他に卓越せる特色は奈辺にあるか等をも、明かにしなければならない。

しかし、これは他日に譲り、ここでは、題に掲げてある通りに、真の剣道を知り、その目的を達成するにはどういう学び方をしたらよいであろうかを述べる事にする。

学び方に就いて

剣道観が、各人多少その見解を異にするのであるから、その学び方も、精神、身体、技術いづれかに重きを置き、又団体教育がよいとし、個人教育がよいとし、或は注入主義によったり、開発主義によったり、細かな点に於いては千差万別、各人悉く異るであろう。而して異るのが、むしろ当然で、剣道の大本を誤らぬ限り、いづれの学び方によるも差支えないと思う。

併し、間違って居るを知ったり、他の方がよいと知った場合には、なるべく早くなおし、最善と思う方法を選ばなければならぬ。徒らに、自己の暗愚か、錯覚によって得た、つまらぬ我説を盲信し、いつ迄も固持して居るは、つまらぬ骨頂である。それのみならず、剣道の教育上より見て、各人我説のみを誇張して、他を研究するなく、陰で誹り合う如きは、各々自身の品位を下落せしむるのみならず、進歩発達を阻害し、又世人の疑惑を生ぜしむるなど、その弊害は少くないであろう。

各流、他見、他言を許さぬ時代はいざ知らず、自由なる今日の我等は、互に胸襟《きょうきん》を開いて、剣道のあらゆる方面を、つぶさに研鑽し合って、出来るだけ正しい、善良な、真理とされるものを学び、更に後輩をより善く、より正しく、指導して行くのが、剣道教育に携わるものの、責務ではなかろうか。

又、遙か彼方に、高い光明を求むる希望に燃えていればいる程、一日一刻を、真実に歩まなければならぬ。虚偽の歩行を続けるは、道を学ぶ者にとっては、それだけ生命を短縮せしめる事になる。偽のない生活に安住するを得る人は、それだけで実に偉大な人であって、中々容易な事ではないけれども、其境地に至らんとして努力するところに、人間の人格を向上せしめ、善良な性格を増進せしめる事になるであろう。

処世上、進歩がなければ退歩である。剣道は、其真理とするところに変りはないけれども、学び方の方法に於いて、昔の学び方をそのままによったり、過去の人の学び方によって、それより一歩も出る事がなかったら、世の中が進歩し、変遷して居る以上、退歩的の学び方たるは、必然の事実と思う。これから述べんとするのは、別に今迄の学び方と大した変ったところもうかがわれないであろうけれども、愚見を披瀝するは、ただ江湖の諸賢に学びたい、教わりたいと思う外に何物もないのである。

剣道学び方の沿革

剣道を学ぶに、どういう風にして学ぶべきであるかを研究する前に、これ迄の人は、どういう学び方をしていたかを、大体知る必要があると思う。

我国は、細才千足の国の称ある如く、神代より武器の充実した国で、多少の盛衰はあったけれども、武をたっとび、戦闘に長じて居た。

古の武芸中、最も重んじられたものを、弓馬刀槍或は剣、弓銃馬であるとし「兵器の第一とする所は剣を舞するの道なり」などといわれ、又三種の神器の一に刀剣があり、諸社に神霊として、刀剣を祀られてある幾多の例証を見れば、太古以来、多数の武器中、刀剣が最も尊重せられ、神聖視されたるを知られるので、その使用法や、それに対する観念が、時代に応じて、自ら発明知得されたるは、当然の事といわねばならぬ。

崇神天皇の皇太子豊城命が、夢に御諸山に登りて、東に向い、八廻弄槍、八廻撃刀す云々とか、日本武尊は、武技に長じて居ったとか、又天武天皇の長子大津皇子は、壮に及んで、武を愛し、多力にして、能く剣を撃つ等の記録によれば、上古皇族をはじめ奉り、一般に刀剣運用の術は学ばれて居り、その修練の方法は、詳細にはわかり兼ねるが、現今の素振り様のもので、太刀を空に振ったり、立木を撃ったりし、主として太刀筋、体力、気力等を鍛錬したもののように思われる。

源平の頃には、義経が、鞍馬山僧正谷で、僧侶に師事したように、この道の指導者が出来、蜻蛉《とんぼ》返り、水車、十文字など、種々の業名を生じた。

剣道は、我国独特の武芸で、上古より修練されて居たのであるが、支那に於いては、更に古く、春秋戦国時代には、盛んに教習されて居る。

大化改新以来、彼我の交通頻繁に行われた時代には、他の文物、工芸と同じく、剣法も輸入せられ、支那剣術の影響を受けた事は少くなかったのであろう。されど、支那では其後、剣道の発達の模様なく、我国のは著しく進歩し、この修業をもって、唯一の護身の法とし、更に内観的、神霊的方面に及ぼし、深遠たる理法を修得する迄に至ったのを見れば、支那剣法の影響を受けたるは、その形骸のみで、精神的内容は、我国民性によって、培われ大成したるものと言うを得るであろう。

形の出現

足利時代となっては、剣道大いに発達し、兵法家という剣道の専門家が出現した。又これ迄の剣道は、撃突の実地修練ばかりであったが、この時代には、兵法家によって、剣理を審かにする形が創作せられ、打太刀、仕太刀によって、敵を斃す運剣の理法を研究し、その理法の特徴とか、流祖の信念等に基いて流名を附し、これを子弟が継承した。又免許を伝受されて、新に形をつくり、独立して一流を立てるものもあった。

それで流名があれば、必ず其処には形があり、流には形はつきものであった。後代に至るに及んで、次第に其数を増し、数百流の多数に及んだが、各流各々其の特徴に従って修行精進した。

各流がどんなに近い流派でも、形の所作は、多少は皆異って居り、その異って居るところに、各流の特色があり、生命が存するのであるが、いづれもその根元とする堂奥は一つであって、ただ流祖の性質とか、新しくつくり出した独特の技とかによって、種々の形を変じて居るに過ぎない。

伝授秘事

昔は剣道を学ぶに実地に教師より指導せられる稽古の外に、伝授というものがあった。教師より伝授せられるものには、業の伝授書伝口伝等がある。

業の伝授は、目録、相伝、免許皆伝等被相伝者の技術の進歩の程度に応じて、技が幾段階もあって、伝授された。而して伝授の儀式は、師弟共に斉戒沐浴して、極めて厳粛裡に行われた。

口伝は、大体に於いて、只一人にのみ伝えて他見他言を憚るところから起ったので、自分の弟子でも、子供でも受くべき素養の備った人でなかったら、決して伝えず、口伝のあることすら、教えなかった。

伝書とは、切紙、目録類、口伝書、其他の伝書である。切紙、目録等は被伝授者が教師より教った術名を列記したもので、ただその技を修業したという証に過ぎない。そして凡ての技術に熟達した時に書伝せられた。

口伝、其他の伝書類は、免許皆伝の地位に達し、技術人格共にすぐれ、其の師の流を継ぐに充分なるものの外は、秘密にして絶対に与えなかった。

何故、各流で秘事、口伝を重んじて、猥りに人に伝えなかったというに、これは其流其人によって一様でないが、剣道は変化を用とするから秘するので、あらわしては敵に利をあたうるにひとしい者である、といい、又道は秘するものではないが、よく知らせる為に秘するのだ、とも言って居る。又道を重んずる為に、其人でなければ弟子であっても、猥《みだ》りに伝授しない。即ち道を軽視するを避けて秘した。或は伝授を秘密にして殊更に勿体をつけ、伝授料を得んとしたものもあった。

いずれにしても、業の理法は前述の通りに容易に教えないし、漸《ようや》くに伝授した切紙、目録は術名の羅列のみで、説明はついて居らず、愈々免許皆伝の時に至って、はじめて伝書全部を与える慣例になって居るが、これは未熟の者に、深遠なる理法を教えては、かえって迷いを生じたり、その言薬に捉われて、修行に差支えるをもって、かくされたのである。

これをもって見れば、古の剣道は修行を特に重んじて、理法は、教師が初めに技とか、心法とかを注入するよりも、先ず自己の熱心なる鍛錬と工夫とによって、自己にあるものを開発させる教え方であり、修行の結果充分の力が出来た時を見て更に最も森厳なる儀式によって伝授するのであるから、被伝授者は伝書を見て、その技術心法を確実に知るばかりでなく、これ迄の体験心養によって、幾多の自在なる応用を得、且つ剣理によって説かるる真理とか、人格上に及ぼす諸の道徳もすべて心から会得するを得たであろう。

形稽古と竹刀稽古

日本剣道史上、剣道の遍く行き渡り、広く行われたのは、文武の道を奨励した徳川時代とか、大正昭和の現在であろうと思われるけれども、剣道の蘊奥を極め、極意に達した人は、世の中が混沌として、戦争の絶ゆる暇のなかった永禄元亀天正より、慶長の頃に最も多かったではなかろうか。其時代の代表的の剣客、例えば塚原卜伝、松本備前守、上泉伊勢守等は、何れも幾度となく千軍万馬の間を往来すると共に、日頃は剣道を修行鍛錬し、真剣又は木刀の試合の数を重ねて剣道の奥儀を自得し、一流の祖となったのであるが、かように幾多の真剣による体験からその妙境に至った達人と、太平無事の時に、形竹刀の稽古及び理論を究明する事によって得たる達人とは、各々修行の程度、時代の相違、人間の天稟等によって、何れが優、何れが劣とは直ちに弁じ難いけれども、剣道の本質上、真剣的体験を多く得られた戦国時代の方が、その堂奥に至り易かったであろうと推察される。然し其の達人名人の域に到達した人はいずれにしても同じものと思う。

徳川時代以前の剣道の形は、多くはこれ等の達人が、実地体験した業の中、最もすぐれた事を基礎として、形を組み立て、更にこれを師弟の間に於いて、苦心惨澹練磨を重ね、又実戦に、試合に試みて、つくり上げたもので、徳川時代に出来た形でも、修行鍛錬の結果、豁然大悟徹底するに及んでつくり出したものが沢山あるので、これ等の形は、いずれも、剣道を学ぶ上に於いて、極めて重要なものであらねばならぬ。

足利時代、徳川時代を通じて、剣道を学ぶには形を修練する事が唯一の方法であったが、世の中が太平続き、剣道が実戦に用いる事少い時となって、形は多く形式のみにとらわれ、流祖のつくった神髄を忘却して、徒らに花風美観を装い、勝手につくり増しなどして、外観の巧妙を衒い、真剣に遠ざかるようなものになって来た。そこで正徳宝暦の頃に、剣道道具の案出があって形で習い覚えたる剣道を、竹刀をもって思う存分に打ちて稽古をし、更に四肢身体を自在にし、気力を旺盛にする為に、打込切返し稽古というものが発明せられた。それより直心影流、一刀流をはじめとして、諸流派競うて竹刀稽古を行うようになった。

斯様に竹刀の稽古は、非常に盛んになったけれども、その為に形を行わなかったのではなく、形をもって充分に刀法を習って、大体の形と技とが出来上った頃に、師の許を得て、竹刀を用いたので、勝手に竹刀の稽古をするは、一般に堅く戒められて居た。中には道具をつけての撃合は、剣道の真意に背くものであるとして一切竹刀道具を用いないで、形のみの修行を墨守した人や流派があった。これ等を見て、古は如何に形を重要視したかを窺う事が出来る。

形の教習法が実用に遠ざかった形式的の修行法となったので、これを改良しようとして長沼、中西等が道具をつけて、想うまま打ち合う竹刀の稽古を創案し、それから道具を用いての稽古が、形と並び行われたのであるが、後士風惰弱となっては、これも亦、鍛錬をするというよりも公衆の面前に於いて、美事に勝とうとする心が専らになって、或は長い竹刀とか、軽い竹刀とかを用いて、巧に振り舞したり、道具や服装を美しくしたり、所作の美観を装ったりして、僅かの当り外れをのみ争うようになったので、其処には位もなければ、気合、刀の冴えもない、矢張実用には適しない剣道が、一般に流行するようになった。

竹刀稽古の変遷

世の中が泰平打続いて士風が衰え、奢侈《しやし》安逸に流るる時には、流祖の刻苦精励してつくった形でも、中興の祖といわるる達人が、改良した新案の道具竹刀稽古でも悉く真精神を失った華法剣道となってしまい、士気興隆の時代には、教習の方法は種々異っても、実戦的なる真の剣道の発達を見るは世の常である。

徳川の末期、宝暦、明和頃から、文化文政頃迄は、概して士道の頗《すこぶ》る頽廃《たいはい》した時代で武道などは顧《かえり》みられなかった。然るに天保年間に至って、幕府は武備の改革を行い、外夷打払令を敷き、内には砲術剣槍の武を講じ、大いに武道を奨励した。又各藩では、藩校を建てて武術を課し、他流試合の禁を説いて積極的にこれを奨励実行せしめた。

此頃は形の練磨による剣道よりも、長沼、中西の流をくむ、道具をつけての試合剣道が盛んに行われていた。丁度其時、筑後柳川の藩士大石進という者が、六尺（刀身四尺柄二尺）の竹刀を持って、全国を武者修行に廻り、後には江戸に来て、当時著名なる江戸の道場は、殆んど破られてしまった。それからは各流で、先師が定めた竹刀の三尺二三寸位の寸法は、試合に不利なる故をもって廃せられ、四尺から六尺にも及ぶ竹刀が流行したので、幕府の講武所が設立せらるるに及んで、竹刀の長さは、曲尺で、三尺八寸より長いのは、用いてならぬという禁令を出した。然し世の趨勢《すうせい》は、これ等の禁令にも耳を貸すなく、文久、元治の頃は、各自勝手なる長竹刀を用い、形にもない新手法を勝手に工夫して、竹刀の試合のみが盛んに行われた。即ち古は形を主として、竹刀稽古は従であったが、この時代になっては、竹刀稽古が主で、形は従となり、主従顚倒《てんとう》する観を呈するに至った。

この時代の剣道が現在に伝わる稽古試合法の主なるものであって竹刀の長さを三尺八寸以下とするも、講武所の定めから伝って来ているのであろう。

明治四年廃藩置県の令出されてから世に滔々《とうとう》として外国心酔に日も尚足らずの有様で、剣道は全く顧みられず、僅かに興業撃剣によって命派を保つに過ぎなかったが、これも興業であるから、種々の変った所作をして剣道の心得ない観客の歓心を買うにつとめ、糊口《ここう》の資《もとで》とするような輩《やから》が多く出たので、かえって悪風習が後に伝わる事となった。

其後、警視庁では剣道を教習科目とし、剣道の師範を採用し、剣道を奨励した。又剣道流派の綜合を企画し、十六流より、各得意とする術を指供し、これを参酌して警視庁流を編制した。明治二十七八年戦後には、武徳会が設立され、再び剣道興隆の機運を齎《もたら》された。その教習法は、大体幕末の剣道に復活した。而して大正、昭和となるにつれて、尚一層試合勝負が重大視され優勝試合、勝技試合などが盛んに行われるに及び試合の組合勝負は廃され勝負法を色々細かに研究されて、これに勝を得るを最も名誉とし、剣道は優勝するべく稽古をし、教師は、試合に勝たしめるためにのみ専心に指導するという風になって来た。その結果として、当然起るべき諸々《もろもろ》の弊害、例えば、引揚げ、悪い姿勢、極端に軽い竹刀の使用、気勢の籠らぬ片手打ち、軽い撃突等で、これ等をば、種々の方法によって矯正しようとして居るけれども、現在実施されて居る試合方法をもって、これを矯正するはまことに至難で、これ等の弊害の悪いことは、少しでも剣道の心得ある人は、試合をする人、しない人とを問わず、皆知って居る。然も勝負という事になれば、審判の許す範囲に於いて、最も審判より勝を宣告されるに都合のよいようなやり方をするのは、人常の常である。故に試合の方法を何とか改良するか、又は試合というものに対する、剣士をはじめ、一般の観念を変えしむるか、その弊害を除去し、正しい剣道を行なうに最大急務ではなかろうか。

されど、形稽古の形式のみで、気勢のこもらない修練法が、一般に行われて、竹刀稽古になった時でも寺田五郎右衛門とか藤川整高などの、古習を確守し、傑出した達人があったし、竹刀稽古が、華法に流れて実地に遠ざかった修練をされて居った時代でも、戸ケ崎熊太郎とか、平山行蔵とかいうような、有名なる達人が出て居る。それと同じように、現在でも勝負に超然として、ひたすら鍛練を重ねて居る人があるであろうし、決して今の稽古が悪いのではない。けれど此外来のスポーツと同一に見て、ある規則に当て嵌《は》めて、審判員がこれを無理に判断するという勝負法が正しい剣道を学ぶ方法として、善いものか、悪いものか、疑問とされる点である。

剣道を学ぶに、明治維新前後の剣道を知り、ことに、その頃の人達の指導を仰ぐことは、必要かくべからざる事であるが、天保、弘化以後の剣道をもって、我国古来よりの剣道であると断定するのは、誤りで、真の剣道を知るためには、更にその以前に溯《さかのぼ》って、研究しなければならない。

武者修行

武者修行は、今より、四百数十年前より、現今に至る迄、殆んど、継続し、行われたもので、剣道発達上、極めて重要な関係を有するものである。武者修行に出た者は、事実上は種々異った目的のもとに行われたのであるが、本来の目的とするところは、或る師に従って武道を修練し、相当の腕前に至った時は、なおそれ以上の上達を望み、更に、達人を他地方に求め、諸国を廻り歩いて、同流他流の多くの人々と技を角し、己より優れた人に会っては、これに師事して教を受け、又あらゆる艱難辛苦《かんなんしんく》を嘗《な》め、人情の機微《きび》に接触して、技術と心胆を、練磨したのである。

徳川時代以前に於いては、新影流一派の外は、大概真剣、木刀、棒槍など使用せられ、悉《ことごと》く真剣的の試合を行われ、修行者は、いづれも、決死の覚悟をもって、これに臨んだ。従って、その場所は、普段稽古をして居るところよりも、多くは郊外を指定し、又は相手と邂逅《かいこう》した、其場所で行われるのが常であった。

修行者が、真剣勝負をしたからとて別に意趣遺恨あるのではなく、ただ互に技を角し合うので、当時は、沢山相手を斃す事をもって、名誉とされたから、世の人は当然の事として、一方が殺されても別に咎《とが》めるものも、怪しむものもなかった。勿論この試合によって、皆々殺されたのではなく、自分に勝ったものをば師として学び、又種々の教を受けたものもあった。

徳川家光以後世の中が漸く穏やかなるに及んで、これ等生命に危害を加うるような、殺《さつ》伐《ばつ》なる試合は、厳禁され、又他流試合を禁じられるようになったので、武者修行者は大いにその数が減じた。然し矢張、自己修養の目的をもって、諸国を廻り、種々の名目のもとに、試合は行われた。但しこれを行う時は、細かな規約を設け、後に遺恨など生ぜぬように、一種の起請文様なるものを取替した。

天保の頃よりは、幕府は武道を奨励し、一方尊王攘夷の論が次第に唱えられ、世の中が騒々しくなって来たので、他流試合の禁は解かれて、益々奨励せられたので、武者修行者は俄《にわ》かに激増して来た。

而して当時は、道具が略々完全に近いものが使用されていたので、竹刀の撃突をもって試合せられ、長い竹刀が流行し、これによって打ち合う事を専らにする剣道となった。

明治に入ってよりは、急に時勢が変り、衣食に窮した武士が興業撃剣というものをつくり、全国を興業して歩いた。これは、武道の神聖を汚した事はいう迄もない。其後明治二十七八年戦役後は特に剣道の必要を認められ、年を経ると共に隆盛に赴き、武者修行は個人、又は団体によって行われるようになった。

以上述べたる武者修行は形式に於いて異るところあれども、兎角一つの道場のみに居って修行するばかりでは、井戸の中の蛙《かわず》の如く、真に自己の長短を知るを得ないし、又多くの人と比較対照しないでは、その技に於いても一人天狗の我儘に陥り易い。故になるべく広く違った人と技を角して、技を磨き、識見を高め、又諸国を遍歴し、山川を跋渉《ばっしょう》して、心身を鍛錬するなどは、剣道上達の上には、著しく効果あるを信ず。それのみならず、多数の人に接して、心養を得るは、子弟を教うる場合に、よく各人の個性を洞察し、長を伸ばし、短を補い、遺漏《いろう》なく指導教化するを得るであろう。

文理的剣道

徳川時代の剣道特色の一つとして、これ迄の剣道は、刺撃を専らにし、その技に長ぜん事を只管《ひたすら》勉め、或は神仏の加護によって奥儀を得んとし、或は真剣試合をし、或は武者修行によって心胆を練り、技を磨いたのに反して、徳川時代には世の中が比較的平穏なれば、慶安以後天保頃迄は、他流試合は禁じられ、武者修行も少く、真剣試合のような殺伐《さつばつ》なる剣道は影をひそめ、一般的に実用を遠ざかる剣道となった事は、既《すで》に述べた通りであるが、一面には文理的に剣道の理論を研究し、技の蘊奥《うんおう》を仏教及び儒教の深遠なる教理に基いて解き、技を磨くの助けにすると同時に、幽邃《ゆうすい》なる心法を会得した。又剣道の目的とするところも、これ迄のように単に攻防にそなえるのみにとどまらず、忠孝仁義の道を行うを根本目的とし当時儒教の発達により、内容外観共にその精華を発揮するに至った武士道と相関連して、武士の精神を鍛錬する実践道徳となり益々理と術と両方面より修練され、剣道に於ける精神修養の内容を充実せしむるに至った。

明治二十七八年戦役後、外国心酔の夢漸く覚めるに及んで、俄《にわか》に武士道鼓吹の声朝野に叫ばれ、後剣道が中等学校の正科に課せられ、青年教育の必須科目に置かれたのは、徳川時代に於ける文理的研究によるところ少くない。

以上が、古来剣道の学び方沿革の大要であるが、徳川時代の如く、文武を奨励し、学問の道発達して、剣道を学ぶには学び易い境遇にあった時でも、尚各流秘密主義をとったり、階級制度に束縛《そくばく》せられたり、研究には色々の不便を来した。然るに、現今は何等の束縛なく、自在に学び得るなれば、剣道を学習する人は、古今幾多の教習法を比較対照し、一致協力して、正しく、深く誰にも為になる剣道を探索究明し、日本国民の全般に国民修養法として実施せしむる迄に進展せしめなければならぬ。

剣道理論の是非

剣道を教うるには、各人其方法を異にするは止むを得ぬ事ながら、中には理論そのものを否定する人がある。曰く「剣道の修行には、理論などは必要なく、ただ熱心に稽古をするがよい。初めから理論など覚えると、かえって悪い癖が生じて、進歩を阻害する」と、実際其言の如く、理法に泥む事によって、稽古の修行が疎《おろそ》かになり、正しい剣道を学ぼうとして、かえって邪道に陥る者が少くない。故にこの説は、一応尤ものようであるが、その前に、剣道の理論とは、如何なるものであるか追及して見なければならない。

理論を知るは、剣道上達の上に害があるとは、何に基因するか、というに自己の力よりも、遙かに奥の事を考え直ちにそれを実施しようとするからで、これは譬《たと》えば、木の削り方も、鉋《かんな》のかけ方も、碌に知らないくせに、家を建てようとするようなもので、よく建つ道理がない。

剣道に於ける理論とは、理論の為の理論ではなく、実際と関連して、剣道の上達を促す為の理論でなければならない。それで必ずしも、懸待《けんたい》一致とか心の置き所などという高遠なる理法のみが理論ではなく、足の踏み方、刀の握り方、姿勢等剣道を学ぶ一挙手、一投足総て理論でないものはない。なお初心者は、教師より教わる姿勢、目の付方などをそのまま守ればよいので、その他の理法を考究する必要はないというが、その考究が上達を害するものであれば、必要がないというその事が、立派な理論である。

しかし、刀の握り方、足の踏し方などどうでもよいから稽古せよという教師は、いくら理論を否定する人でも、恐らくないであろう。昔は口伝、書伝等をもって、その理法を教えたのは、前述の通りである。

剣道の術と理とは車の両輪の如しといわれて居る通りに、その力に応じての理論を知るは是非必要で、或は子弟の気のつかない点を教えて誘導し、或は質問に対しては、懇切に応答して、その迷妄を開拓してやらねばならぬ。

子弟の方でも、修行中に、種々疑問の生ずるのは当然であるし、疑問を起さないようでは、修行に対する熱心が足らないとも言われよう。不審のところがあったら、何でもかまわずに質問するがよいし、それを教師は、適宜に指導して行くによって、邪道に陥らしめないで、正しい剣道を教え、進歩、上達を促進する事になる。故に理論は実際の稽古と相俟って、剣道修行上必要欠くべからざるものである。

学習上最初の心得

剣道を学ぶに、何を最初に知らなければならないかというに、剣道とは何をするのをいうか。何の為に学ぶのであるかという事を、先づ第一に知る必要がある。

自分が何をして居るのか、自分のして居る事がわからないで、ぼんやり人の真似をしている程、馬鹿らしいことはない。又何を目当てにしてするかという事を知るのも、同様大切なことで、体格がよいからとか、面白そうだからとか、何になるか知れないが、人から薦められてやって居るというようでは、これによって得る効果が、極めて微弱となるであろう。

剣道の意義、目的を詳細に知ろうとすれば、相当にむずかしく、初心者は勿論、考えもつかないし、教えられても、容易にわからないであろう。この研究は、初心者には無駄な事で全く必要がない。教師から教わり修行練磨して居る中に次第にわかるようになる。

然しながら、小学校の生徒位の初心者なら、剣道とは遊戯ではなく、礼儀を守り、竹刀とか、木刀を持って、刀剣運用の道を学ぶものをいい、それは心身を鍛錬して、立派な人になるという位の事は、反覆教わらなければならない。それだけでも根本観念に置いて学べば、何も知らないで、漠然と打ち合うのとは雲泥の差がある。まず礼儀が正しくなり、教師の教えをよく守って自分勝手な動作をしない。又悪い稽古は、つとめて矯正しようとする意志が、自ら生ずる。尚いつもその気持が心の中にあるので、一度道場に入り、稽古をする毎に、その心持を鍛練して、強い、正しいものにして行くのである。そして稽古の数を重ねて居る中に、知らず識らず、偉大なる人格が出来、深い道理とか、心の自在の動きが自然にわかって来るのである。

剣道をもって人を指導する位置にある人は、かなり徹底的にこれ等を知らなければならない。何故なれば、単に其の結果だけ教えて、身心の鍛練になるとか、精神を養われるとかと言っても、剣道のどういうところが、それ等を得るに適応するのかわからなかったら、その人の技倆がすぐれ、立派な人であっても、教えが相手に徹底しないし、又質問を受けた時に、これに答える事が出来ない。

相当に修行のつんだ人は、自分の修養上にも、これを明らかに知るは、剣道についての確信を得る事になる。例えば仏教の話を聞くと、剣道の蘊奥は仏教から来たものであるとし、儒教を聞くと、剣道は竹刀の打合で、道徳観念は儒教によらねばならぬとし、キリスト教を聞けば、この教が何よりもよくなるというような類は、剣道なるものをよく知らない結果による。よく知って居れば、これを根本にして、種々の教理をよく理解し、すべて修行の助ともなるし、又軽々しく他の説には迷わされなくなる。

第五章　剣道修練の基礎的理合

＜準備運動、着座、起座、正座、座礼＞

準備運動は、四肢身体を柔軟にし、運用を自在にする為、団体、又個人で行うのが一般であるが、都合により省異することもある。

それから各々自分の座に着座して防具を着け、二三歩前に正座をして、姿勢を直にして精神を静粛、正常にし、神殿に対して、教師と共に礼をし（神の祀ってない道場では正面に神を祀ってあるものと見做して礼をする）次に教師に対して礼をして、元の座に帰り面、小手をつけ、稽古を始める、稽古終ったら各自着座し、面、小手をはずして竹刀を置き最初は礼をした位置に正座し、心身を落着けてから教師に礼をし神（又は正面）に礼をして元の座にすわり防具を正しく整頓して終る。道場の出入には必ず礼をし、竹刀防具を足で蹴ったり、股いだりすることのないように気をつけねばならない。

着座、起座の時は立つ時は右足から、座る時は左足からすればよいが、神の座にあっては、神官は神を祀ってある反対の方の足から起ち神の方より近い足から座るが定めとなっている。

防具をつける時、はずす時は立ちながらでなく座ってすること。甚だしいものは試合が終って自己の席に帰る時、立ったまま片手で面を取り、竹刀、面を自分の席に投げつけて座る者を応々見受けるが、かかる非礼の行為は絶対にないように気を付けねばならない。

〈姿勢〉

姿勢は各流派によって違っていた。膝を屈げて前掛りになるもの、両足を揃えて直立するもの、歩巾を広くして左足を横に踏むもの、直立して左足を右足のやや前に置くもの等種々あったが、それは各流の流祖となっている人が、多くは真剣勝負で行った姿勢をそのまま用いたので、各流の刀法が悉く違っており、ある技を出すに最も適した姿勢をとるのがよいとするところから、異った姿勢が生じたのである。

各流で各々異った姿勢をもってそれぞれ成果を発揮しているので、どの姿勢がよいとか悪いとかを軽々しく断定はされない。然るに明治後の剣道は防具を用いず形のみで行っているもの別として、竹刀、防具を用いての剣道は、この頃からは大かた流派の特徴を失い、刀の使い方、姿勢など総て似通った大差ないものとなった。特に大正元年武徳会で制定した大日本帝国剣道が表示されてからの剣道は大凡一定した剣道となり、従って姿勢も同一のものとなった。これから説く各理合は統一された現在の剣道について述べることにする。

現在の剣道の正しいとされる姿勢は、（中段の姿勢）体操の時に行われている基礎的の姿勢がそれである。両膝は軽く伸ばして直立し、腰を引き入れ、体を上に伸ばし、胸を軽く張り、下腹部に力を入れ、両肩を平均に垂れ、顎を首に引きつけ、常に上下左右に歪まず、どんな場合でも前につき出たり仰向くことのないようにする。両手は自然に伸して両側に垂れる。そして竹刀（木剣）を持って中段に構える時は右足を一歩前に出す。その時には両足先は共に平行して前方に向く。これが正しい姿勢であるが、防具をつけ、竹刀を持って相手に対すると、基礎的の姿勢は崩れて、剣道するに適しない姿勢になり易い。その主となるものは次のようなものである。

1、腰が屈って体が前方にかかり、又腰が前に出て後に反る。又左右いずれかに曲る。

これには両引屈（膝）を軽く伸ばし、腰を引き（この時腰が屈らないで腰を入れる）全身を真直ぐに上に伸ばして相手と丈くらべをするか、上から見下す心持になる。

2、肩に力が入り堅くなる。又左右いずれかの肩が上り、又は下る。それには両肩の力を抜き、両肩を平均に下げる。

3、顎が上り又下って俯く、又両頭が左右に傾く。かくなれば腹の力が抜け、相手に圧迫され、相手を正視されない。それには顎を真直ぐ首に引きつけて、どんな場合でも弛まないようにする。常にその心持ちは必要であるが、特に打突する時、その瞬間に顎が弛んだら絶対に打突の功を奏しない。打突後に於ても残心がなくなり、不覚を取ることになる。

右の条件を心得、全身に気勢を満たし、堅くならず、平常心を失うことなく、寛たりした気持ちで、曲らず弛まずすっくと立って相手に対することが肝要である。

〈足の踏み方〉

立ち上った中段の構えは、その歩巾が、基礎的姿勢から普通歩いて右足一歩前に踏み出したのが適当の歩巾である。何糎などと各人一定にすべきではない。各人身長を異にし、各人歩行の習慣によって異る。歩巾が狭きに過ぐれば体に安定がなく、広過ぐれば身体運用の自在に欠く。普通歩行の歩巾が原則ではあるが、場合によって伸長、短縮のあるは免れない。例えば大きく遠間から飛び込んで打つ時などは歩巾を縮めて出る方が出易く、効果的である。又相手の体当りを受止める時は、多少歩巾を広くした方が受け止め易い。左右に開く時も場合によって歩巾の大小は異る。

体重を両足に平均にかける。歩行する時には左右いずれかの足に重量がかかるので、活動している身体には実際あり得ないことではあるが、常に一方に偏って歩行又とどまらないようにするというのである。一方にのみ体重がかかれば、身体の運用が自在でなく、体の備えが安定しない。

次には足を軽く踏むことである。昔から蹠と床板とには紙一枚の隙間のあるように足を軽く踏めとの教えがある。剣道で足を軽く踏むということは大切なことで、どんなに体重の多い人でも、達人名人と呼ばれる人は皆足の運びが軽く動作が軽妙である。身体の動作が軽く自在なるによって攻防が意のままになる。足を高く上げて踏みつけるは悪し。

両足の爪先は平行して前に向く。敏捷な活動をするには是非こうあらねばならない。ランニング、ボクシング等は特にこの点に留意して指導される。T字形になる撞木足、鈎形になる鈎足等はいずれも左足が横に向くので前進後退に不便で、且つ体の支えが弱い。姿勢が曲り、右手に力が入り固くなる。

中段に構えた時左足の踵《かかと》を少し上げる。多く上げると腓（引屈）膝の後ろが曲って弱くなる。右足（前の足）の踵は浮かすように軽く板につける。上げては進退にはよいが、体の安定を欠く。後足の踵を板につけて剣道をするは、半分休んでいるので楽ではあるが、気勢を示すことならなく、又咄嗟に出るには一旦踵を上げてからでないと踏み込めない。即ちよい機会を逸する。強いてそのまま出ようとすれば足首が捻じれる。それによって身体中最も太い何百貫もささえるに足る強靭なアキレス腱も捻じれる弾《はず》みで切ることがある。

アキレス腱を切るは剣道ではかなり多く、全快には二三ケ月を要する重傷であるが、後足の踵を板の間につけて剣道をする人に多い。

足の踏み方は姿勢を正して普通歩行するようにするのが自然であるが、剣道に於いては間の余りに遠い時は別として、普通の間で相手に対する時は前足から進み、後足から退《さが》るのが原則である。右に開く時は右足、左に開くには左足から開く。後の足は常に前足に従って進み後れることなく、直ちに元の足巾にならねばならない。されど時には後足から出、前足から下がること絶対ないではないが、これは特別の場合である。

常に摺足で動作をするがよく、浮足、跳足、飛足、踏みつけるなどは皆悪い踏み方である。

＜手の位置と竹刀の握り方＞

中段に構えた時、両腕の腑下は、軽くつけ、腕と体との間に鶏卵をはさんでいる心持、強くしめつければ鶏卵は割れる。緩め過ぎれば落つる。割らず落さぬ程度に軽くつける。

その他の腕のどの部分も体につけない。左の手の握りは臍の下一寸位、腹から約一握り離す。絶対に体についてはならない。体につく時は剣先の威力を失い、竹刀の運用が不自由になる。臍の真下でなく僅かに左に置き拇指の一の関節が身体の中心にする。右手が前に出て右足が前になっているところから多少右半身になっているので柄の中央の辺が身体の中心にするが、自然の位置である。剣先は相手の咽喉につけ、右の握りは鍔から僅か鍔にひっつかない程はなす。左の握りは柄頭一っぱい握る。小指の半分を柄頭にかけるという説もある。刀を持った時には柄の巻留めを余して持つ。竹刀を上の方から握る気持で小指と無名指（薬指）の二本で握り、他の三本の指は柄にまわしているだけ、中指は軟くつけても宜しい。そして濡れ手拭を絞るような心持で握る。この時絞ってはならない。絞っては手が堅くなって、隙を生じ、運用を妨げる。

竹刀の紘の延長（刀、木剣の峰の延長）が拇指と人指指との中間に来るようにし、手が体に触れないように両肘を軽く張る。それで手首は折れてくの字形になる。手首が折れないで手と腕とが真直ぐになるは、握り方が悪く、又肘が延びている為で、手の全体が硬くなって、打突に支障を来す。

刀の握り方は手の裏とも言って、古来剣道には重要な心得とされている。刀の握り方が悪ければ、どんな大力をもって切りつけても切れない。刀を柔らかに持って振りかぶり、切り下ろす瞬間に旺盛なる気合と共に両手の小指と薬指をもって絞り切りつけるによって物を切ることが出来る。試めし切りというものがあって、藁一把の中に青竹を入れて縄で括《くく》り、水にひたしたもの（人間の胴と同じ）を切るのだが手の裏の不確なものは藁一本位切れるか切れないで刀がはね返ってしまう。上手な人（手の裏の絞りのある人）はこれを三つも重ねて断ち切る。それ程手の裏とは物を切るには大切である。

竹刀を持った時には食膳の箸を持った心地で特別意識しない。而して打つ時には適当な力をこめ気合もろとも手の握りをしめて打つ。これをもって有効の打突となる。この打突、又相手の竹刀を受けとめる用の済んだ時には直ちに元の軟らかな握りにならねばならない。用が済んでから尚締めて居れば、残心はならなく、又こちらから再び打ち込むことはならない。相手が打ち込んで来た竹刀を受け止める時はそれから直ちに応じ返し打つが、応じてそのまま打つかいずれにしても一旦は手の裏を絞って締めなければ受け留められない。受け留めたら直ちに締めつけた指を緩めて次の動作に移る。予が武者修行に廻った時、ある所で三十人ばかりを相手にして使い終った時某先生から君は初めから手を絞ってつからが皆君より下の者だから間に合うが、上の者又は同等の者とするには不利だから初め立合った時には絞らないで打突する時に絞る方がよいと注意を受けたことがある。その時には解らなかったが、其の後三時間ばかり元太刀をして疲れきってしまい、竹刀を絞って持つ力も気力も失せたので、どうでもせよと竹刀を絞らないで、緩く竹刀を持ったままにして相対したら案外相手の打ちが当らない。これでよいわけだと其後このようにすることにした。武徳会に帰ったら、君は稽古をかえたようだが位が出来たと先生から褒められた。前に注意を受けたことをしみじみ有難く感じた。両手の握りは飽く迄軟かくして肩を下げ剣先で相手を威圧する気位で相対するが、打突の際は両手が一致することによって功を奏する。但し左手が主となって右手が従となるは、足の踏み方で左足が主となって右足が従となるのと同じである。右手が主となっては打突が正格にならない。特に突きの場合は、的がはずれ強く当らない。

構えた時に剣先を僅かに上下に動かすは、昔から龍尾と言ってよく用いられている。これは自分の構えが居付かないように、又固くならぬようにするが、打突の機会を相手から察せられない為にも有効である。されどこれは各人の好みによるもので、必ず上下に動かさねばならぬと言うものではない。殊にはげしく剣先、竹刀を動かすは、相手の心を迷わすよりも、己の心が乱れ易いのでよい仕方ではない。

手の裏を締め、弛めるは、其の時の場合によって瞬間的に行うので、その緩急応酬の強弱の度合は修練を重ねて自得すべきである。

〈目付〉

目の付け方は、古来各流、各人によって種々述べられているが、諸説は後に述べることにして、ここでは諸説中最も妥当と思われる説について述べる。

目は相手の顔面につけるが、一点を凝視するのではなく、頭の先から足の先迄（全体）を、一目で見るようにする。これは遠山の目付と言って、遠い山を見るに、その一部分にのみ目をそそぐことなく、目の付けるところは何処でも、頂上から山の裾迄全部を一目で見る心持である。ある一部分のみを凝視すれば、心がその部分に捉われて他は見えず、然も相手の心の働きを察知せられない。即ちその見方は、宮本武蔵が、その著三十五ケ条で示している通りに「目を付くると云所、昔は色々在るなれ共、今伝ふる目付は、大体顔に付くるなり。目のおさめ様は、常の目よりもすこし細きやうにしてうらやかに見る也。目の玉を動かさず、敵合近く共、いか程も遠く見る目也。其目にて見れば、敵のわざは不ㇾ及《バ》ㇾ申《スニ》、両脇迄も見ゆる也。観見二つの見様、観の目強く見の目よはく見るべし。若し又敵に知らすると云目在り。意は目に付き、心は付かざる物也。能々吟味有べし。」

されば近いところを見る時も遠いところを見る心持で、常の目よりも少し細いやうにして目の玉を動かさないで、うらやかに見るのである。顔面につけるというのは、どんなに変った動物が現れても、例えば尾が三本あっても、足が五本あっても直ぐ見るのは、変っている尾でも足でもない。必ずその動物の顔を見る。顔に目をやるというのは人間の自然の見方である。

観見の目付では観の目強く、見の目弱くとされている。観の目とは心をもって心を見るという所謂心眼というべきものである。見とは肉眼である特定の部分を見る目である。構えている時、行動を表わさないで、互に隙を窺っている時は心眼をもって対しているが、打突する時には、その目的の部分を判り意識して、見の目をはたらかせる。而して見の目は、行動的用が終ったら、直ちにもとの観の目強く、見の目弱い目付に帰る。打突する時にその目的の部分を判り見て技を出さなければ、その打突は成功しない。その用が終って尚見の目付にとらわれて居れば、心が其処に居付く故に、他の動作に移れなく、相手の打突に適宜に応すること、此方より他の空いた部位に打突を加えることが出来ない。

観見の目付というは、観の目で見る時は、見の目付は全くなくし、見の目はたらかす時は観の目付はなくするという意味でなく、両方を同時に用い、一部分の見の目を使う時も観の目付、即ち全体を見、相手の心を見る目は失なわない。観の目に居る時でも部分を見る見の目は失なわないが、構えている時には観の目を強くして見の目は弱くすると言うのである。打突を加える時、又受けとめる時などは判り見定めなければならない故に、その反対の現象になるが、観の目付は失ってはならない。

古来多くの人々が教えている目付は、相手の目に付けるというのである。その理由は、目は心のはたらきを表わすから、目を見ていれば相手の一挙一動が悉く己の心に映ずる。これをもって適当に我が行動を起すというのである。されどこの説は一応尤ものようであるが、相手の目が見えない時、例えば近視眼とか暗い時とかの場合はどうするか。又相手が一人なら可能であっても、相手を四方八方にむかえた時に、一々相手の目にそそぐなどはなし得ないはずである。観の目付で居れば一時目が相手から離れても、相手の目がよく見えないでも、心眼が働いているから一向差支えがない。四方八方から来る相手にも平気で相対されるのである。

二つの目付というのがある。相手を一体に見ながら二つのところに付ける。一つは剣先に、一つは拳に目を付ける。技の起るのは、相手の剣先と拳から生ずるからこの二つに目を付けて居れば、相手の動作を窺い知ることが出来るというのである。

又目は心の動きが現れるからこれを見て相対すると言ったが、反対に相手の目にも相手の心のはたらきが現れるが、又此方の目にも此方の心の動きがあらわれて察知されるから、これを避ける為に相手の腕とか他の部分に付ける。これを帯の矩とか脇目付と言っている。其の他各流によって種々異る目の付け方を示されている。それ等は流祖とかその派の達人と言われる人々が、真剣勝負の体験とか、研究、練磨によって会得したものであれば、一概にその是非を言われず、どの説であっても全体を見る心眼を主としての目の付方であれば、部分的のものは大差ないものと思う。

〈発声〉

剣道には発声が必要であると言う説と発声をしてはならないと言う説がある。発声が悪いと言う説は剣道をするには常に浩気（旺盛の気勢）を体内に充満し、実をもって虚をつかなければならないのに、声を出すことによって、充実した気勢を失い、虚になるから、息を外に漏らさないで飽く迄実を保つべきであると言うのである。甚だ当を得たよい説ではあるが、有声より無声に入るという説が現在ではよい説とされ、盛んに声を出して稽古をし、試合をすることを奨励されている。

発声が剣道に如何なる効果があるかを次ぎに列挙する。

(1)　気勢を増す。立合った時に、何かの原因で気が後れて、相手を攻める事、打突に出ることもならなく、畏縮を感ずる時、又特に相手を威圧する時など、腕の底から力の籠った大きな強い声を発することによって、その発声、掛け声から励まされて、自ら気勢を増し、恐怖の心を失くし、畏縮する諸々の原因を除去して、攻勢に出られる。

(2)　相手を驚懼せしめる。相手と立合い隙を互にうかがっている時、又相手を攻め込んだ時に突如大きな声をかければ相手は忽ち驚懼して心身がすくみ、成すべき術を失う。

(3)　無念無想になる。相対峙した時、どうして勝とうか、相手の攻撃をなんとして防ごうか、何とか立派な試合をしたい、驚懼疑惑を持つのは剣道ではあってならなく、無心になって相対するは剣道の教となっているが、無念無想になるというは、中々容易に出来ない。そんな時に大きな掛声を出すことによって、総てのことを忘れて無心になられる。

(4)　心気力一致をはかる。心とは相手に対して攻防の理を考え、打つべき隙をねらうことで、気とは気勢であり、力とは四肢身体の運用、技の総てであるが、この三つが一致しなければ、技は成功しない。これは修練を積まなければ容易に得られないのであるが、腹の底から出す声によって、無心となり、このむずかしい心気力を一致せしめることが出来る。

(5)　打突を正確にする。無声で打突したものは、兎角技が遅いか、弱いかによって的確に目的の部位に当らない。たとえ当っても、刃筋が正しくなかったり、気合が入らない為に相手を打突するに足る技になりにくい。それをその部位を明示し、面とか籠手とか、又

「えい」とか「とう」とかの声を発して打突すれば気合の充実した心が集中するので、その太刀は早く強く冴えて目的の部位に的中する。

以上の通りであるが、時によって声の大小はあっても、すべて腹の底から出る力強い声でなければならない。気力の籠らない、上ずった声は害があって益する何物もない。

発声はその出すべき節度がある。立合って威を示す時、心気をおさめる時。稽古、試合中相手との調和をはかり、技を渋滞せしめる為。打突の時にその技を正確にせしめる。其の他にも必要に応じて発するので、妄りに出してはならない。

用ないところに無暗に掛けるは己の心気を乱すばかりでなく、はしたなく相手の軽侮をかうことになる。又余りに激しく続けざまに掛くれば、息が早つき心身疲労して、軽躁を招く。

ある流派ではエイ、トウの二声とし、又ヤー、エイ、トウの三声とし、又古伝には、エイ、トウ、シャ、ホウ、オー、ソレの七声のみで、他の声は出してはならないとしてある。

声は心気が充実した処から自然に強く掛けるのがよく、弱ければ威を示すことにならず、心気はおさまらず役するものがない。

ソレという掛声は下の者を引き立てる時に用いる声で、上の者、同等の者に用いては不敬、失礼となる。

発声は剣道には極めて大切であるが、既に上達すれば、これ等の発声がなくとも、無声でいて発声に必要な条件が全部備るところから、無声でよい。人によっては無声の方が気力を漏らさない意味からかえって有効であるという説が出る。

発声には自ら礼儀があって、仮初にも相手を侮蔑したり、傲慢な言葉を用いてはならない。稽古試合に相手から打突されて、悔しさの余り応々聞くに堪えない言を発する者がある。例えば「畜生」とか「何くそ」「何をするんだ」とか、かかる野卑な言葉は他人に対して失礼なるばかりでなく己の人格を疵つけることになる。又己が打突された時、完全なものでも、「未だ未だ」とか「かるい」「うすい」とか言い、己の打突したものはその打突が不充分のものを「たしかに」とか、引きあげて何回も勝を主張するなどは何れも卑しい無礼な言葉である。その反対に自己が打たれた時に、それが多少不充分のものでも、「まいった」「見事」「頂戴」と言うべきで、自分が打った時には、相手が「参った」と言った場合でも「薄い」「軽い」と言い又「もう一本願います」と己の勝を否定し合うのが剣道を学ぶ者の互の礼である。但し自分が打突されたのが、不完全であるのが、互によくわかっているのを一々「参った」というのは、かえって相手に対して非礼となる。又殆んど完全に近い打突をうけた時にも場合によっては、自己を励ます意味で「未だ」「不充分」と言い張ることもないではない。

互に試合、稽古を終って面をとって礼をしてからは、自己の打突を主張し、相手の打突を貶してはならない。相手を褒めて勝を譲る言葉を用いるのが礼儀である。この礼を知らずに、面をとって礼をしてから、相手の打突が軽いとか、真剣の勝負に役に立たないなどと罵倒するは、相手の怒りを受けて、軽いと言うなら真剣で立合うと言われるようなこともあるので、面をとって礼を終えてからは、言葉を特に気を付くべきである。

〈間合〉

間合とは相手と対峙した時の相互の立合の間隔、距離を言う。古来、間合、間、場合、場、場間などの語をもって示され、皆同じ意味に解されている。されど間と間合とを更に分析すれば、間とか場とかは相手と己との間隔を言い、間合、場合とは、相互の距離、間隔を言うばかりでなく、その間に心のはたらき、攻防の理合を含むものを意味し、間の理合と言うべきものである。

剣道には間の見積りは極めて重要で、これを適切に見定めることによって、攻むるも、打突も可能となり、勝を得られ、攻防の機会を知り、咄嗟の場合危地を脱せられる。それを僅かに誤れば、全く反対の結果を齎す。宮本武蔵は「一寸の間の見切り」によって勝敗の決するを説いている。

間合には三段の間というのがある。

①　一足一刀の間　彼我立合の距離が約六尺で、竹刀が剣先から二三寸交錯したところで、一歩踏み込めば、相手を正しく打突される間を言う。これは練習の時に普通に用いられる間で、互に打ち、打たれ、はずし、抜き、応じ、応じ返し、摺り上げ、払うなど千変万化の技を試み練習するに都合のよい間である。殊に初心者を引立てて稽古する時には、体を伸ばし、正しい姿勢から打突し易いので、この間を多く用いられる。

②　遠間　一歩前進し打突しても相手にとどかない間である。これは真剣勝負とか、大切な試合などに用いられる間と言われている。

一歩踏み込んでとどかないから、比較的危険のない間である。それで相手を打突するには、相手にとどく処迄間をつめてから技を出すか、相手の出て来るところ、誘い込んで打突の間に近ずいたところを捉えて技をほどこさねばならない。打突の機会をつくって、又は捉えて技を施すので、相手に対する守備には安全ではあるが、此方から攻撃にはむずかしい間である。

③　近間　一歩踏み込まないで、半歩出るか、その場で、又は引いて相手を打突される間である。互に相手を打突するに、己の体を左程動かさないでよいから、打突は容易あでるが、初めて立合った者の意外の技や、色やさそいを用いられた時には、それにそなえる暇なく、打突され易い危険な間である。

この三つの間は、いずれも一長一短があるので、どの間にも習熟しなければならない。

一足一刀の間、近間で居れば、寔によくつかうが、遠く離されると、何の技も出なく、相手からは遠間から、大技で立所に打突される者がある。又遠間ではよくつかうが、近間になると、相手から、竹刀を抑えて殺され、はじかれ、払われて何もなし得ず、忽ちに打突される者がある。雙方いずれに偏することなく、どちらにも通達するよう修練すべきである。

一足一刀の間は、種々の技を研究するによく、遠間は体の運用を自在にし、進退の掛引、打突の機会を心の働きによって知るによく、近間は、手元を強くするに効果がある。されど体の運用が自在でなく、技が縮み易いので、比較的むずかしいと言われる遠間に居り、体を充分に動かし、常に己の有利の間に置き、心の働きによって各種の技を存分に用い、心身を伸々とする関係上、特に遠間をとって修練することを心掛くべきである。

己の間と相手の間、己の間とは、己の足元から己の剣先迄の間をいい、相手の間とは、相手の足元から、剣先迄の間をいう。甲乙が試合、稽古をするに、甲の間でつかわれてしまったということがある。この時には、乙は甲の巧みな操縦によって或は攻めて乙の間に入り、或は離れて、甲の間に引き入れて、常に甲の有利な間に置かれるのを言う。甲が乙の間に攻めて入った時には乙の間は甲の間に変っている。甲が巧みに乙を誘って己の間に引き入れた時には、甲は依然として己の間に居るのである。他の間に攻め入った時、又相手を己の間に引き入れた時には、絶対に有利で、攻め入られたり、誘い入れられた時には絶対的不利で何等なす術がなく、苦痛に堪えない。

又自分の不特意、不得手の間に置かれた時も相手の間に置かれたと言い、相手から己の間に入られて己の間を守ろうと旺盛なる気勢を持って反撃に出でようとすれば、相手は忽ち気合を弛めて遠間にし、僅かにほっとしたところを又間をつめて苦しませられなどされる時は徹頭徹尾己の不利な間即ち相手の間で終止苦しい稽古試合で終ってしまう。これ等は何れも相手の間でつかわれたと言う。

敵に遠く己に近い間、単に相方の距離から言えば、相手から遠ければ己からも遠いはずであるが、己が攻勢に居れば、一歩充分に踏み込まないでも相手を打突され、守勢に居り相手から攻め立てられている時には一歩踏み込んでも相手にとどかない。攻めている時には身体が楽で、何時でも自由に出られるから近く感じ、攻められている時には、身体が固くなって、ことに反り身になって居れば、充分に出られないから間が遠くなる。即ち己の気合が充実して相手を攻めている状態の時は、敵に遠く己に近い間となるのである。

故に剣道の間合とは、彼我の間隔ばかりでなく、攻防の理合、気合、技、心の働きなど種々の要素が含有されているのを知られる。

〈先〉

俗に先んずれば人を制するなど言われている通り、他人より先んじて意外な功を奏し、僅かに後れて苦難に陥った例、事に臨んでの先後によって一生の浮沈になった例、などは余りにも多く見られるところである。剣道に於ける先とは、古来重視せられ、各流に於いて殆んど先の有利を説いていないものはない。而して説くところの先は各流で種々異っている。

最も多く述べられているは、先と後の先で、又同じ意味のことを詞を更えて、体の先、用の先、懸の先、待ちの先と二つに分けている。これ等の説は、己が先に打突に出るのと、相手が打突に出てから己が出るのとで、己が先に出たものは先、相手が先に出たのを己が後に出たものは後の先と言われている。打突の技は相手より後に出ているが、気が先になっていなければ、己の後に出した打突は正確に相手に当らなく、又出ることさえ中々出来ないから、これを後の先と先の字を用いたのである。懸けの先、待ちの先、体の先、用の先なども、言い表わし方が多少違うだけで実際は同じ意味である。

心のはたらきが動作に表われないものを体と言い、心のはたらきが動作に表われたものを用と言う。即ち相手が打突しようとする意志のない時、又打突をしようという意志はあれども、それが形に表われない時に、己が先に打突に出るのは総てこれを体の先といい、相手が己を打突しようとして、どかと動きかけた時に、その出頭を打突する。或はその打突が既に発して来たのを己に届く前に応じ、応じ返し、抜き、押え、巻き返し、切り落すなど種々の技を用いて防ぐや否や、直ちに打突に出る。又相手が打突して来た太刀をかわし、又相手の太刀を強く打ち、相手が体をくずし、よろめいたところを打突するなど、これ等総てを後の先、用の先というのである。

宮本武蔵は五輪之書で三つの先を述べている。懸の先、待の先、体々の先がそれである。懸の先、待の先は先に述べた先、後の先と同義であるが体々の先というのは「敵はやくかゝるには、我静かに強くかゝり、敵近くなって、つんと思いきる身にして、敵のゆとりのみゆる時、直ちにつよく勝ち、又敵静にかゝる時我身うきやかに少しはやくかゝりて敵近く成りてひともみもみ、敵の色にしたがひてよく勝つ事、是体々の先なり」と述べている。又兵法三十五箇条、三つの先と云事には「前略、又互に懸り合ふ時、我身をつよく、ろくにして、太刀にてなり共、身にて成共、足にて成共、心にて成共、先になるべし、先を取る事肝要也」と述べている。両説とも、その意判然とは解し得ないけれども、大体は彼我互に懸り合って間に接近した時に我身を強く楽にして、相手の隙を見て、己の太刀か、身か、足か、心か何れかによって先を取り、勝を取るを言っている。即ち互に先を取って攻め間に接近した時に更に先を取って勝を制するのである。昔は今のように初めから打突の間に居って、立合うでなく、二三間、それ以上の遠い間をとって立合ったのであるから、このような先のとり方があったものと想像される。

今一つの三つの先は、高野佐三郎範士が述べているもので、先々の先、先、後の先としている。雙方立合った時には打突の隙がない。相手が打突に出ようとするところを打突するのを先々の先と言い、相手が打突の技を出して、それが効を奏しないうちに、己が相手の太刀を抜き、すり上げ、応じ返しなどして打つを先とし、相手が技を出して、己より切り落とされ、すかされ、巻き返されなどして、体がくずれ萎えたのが立ち直る前に打突するのを後の先としている。この三つの先は、判じ難い。

先々の先を説くに当って、相手が技を出そうとした時、出しかかった時に己が先をとって打突するは言っているが、相手が打突の意志を働かさない処を己が先をもって打突するを言っていない。相手が打突の意志のない気の抜けたところ、油断したところに先をもって打突する絶対の先を先々の先とするならば、何故に先を三つ重ねて先々の先と言わねばならないのか、雙方で先をかけようとしているその前に先をかける故に先々の先というと言うならば先をかける意志のないところを打つ先はどうなるのか、又先と後の先の区別も甚だ曖昧である。

千葉周作は他流に先々の先ということがある、此の方が先をかけようとする、その前に相手が先をかけようとする、その前に此方が先をかけるなどというものではない。我流で言う後の先をいうのであると言っている。

天狗芸術論では先をかけようとするは宜しくない。先をかけようとすれば気が浮き立って実を失う。故に身に浩気（充実した気合）が充満して居れば、敵に対し必要に応じて何時でも先に出られると言っている。

要するに剣道は相手と対峙した時によくこれを制圧し、勝をとればよいので、どんなに詳細な理合を知ったところで実際に役に立たなければ何の価値がない。理合は実際稽古、試合をよくする為にあるので、先の問題は三つの先の外に五つの先を説くものもあるが、これは先をかける心に働き、技の運用で、斯様な場合があると細かに分類して示しているだけで、実際剣道をするに何の効果がない。故に無役な煩瑣の理論を避けて最も解り易く明瞭な二つの先で解くのが宜しい。

〈打突すべき機会〉

彼我互に立合って、直ちに打突して勝を得ようとしても余程技量の異った者でなければ、簡単に勝を得るは成り難い。己が打突しようと思えば相手も打突を防いで勝を得ようとしているからである。されば或は攻め、或は技をもって相手の心を乱し、隙を生ぜしめて、その隙に乗じて適切なる技をほどこすことによって勝を得られる。打突すべき好機は余りに多くあって一々述べ難いが常に起り易い機会を左に挙げる。

(1) 出頭　相手が己を攻めに出るところ、又打突の技を出すところ、出そうとする起り鼻をすかさず打突する。

(2) 引く処　攻められ、又其の位置に居るの不利を思って備えなしに後退するところ、横に開く時も同じ。

(3) 居付いた処　攻められて、苦しく心のはたらきが失くなった時、又相手を如何にして打突しようかと考えたり、種々の状態で心身のはたらきが停滞した処。

(4) 技の尽きた処　技は一本打突して不成功の時は次ぎから次にと相手を確実に打突する迄は、継続すべきではあるが、左程に続くものでない。その技の尽きたところ、又次ぎの技に移ろうとする切れ目のところ。

(5) 受け止めた処　己の打突を受け止めた時、直ちに技の変化に出るか、攻めに出るかをしない限り、心が受け止めた処に居ついて止り隙となる。

(6) 心の乱れた処　驚懼疑惑の心が生じたり、よくつかい度いとか、どう打突しよう、守ろうなどと無心でなく心が邪念によって乱れた処。

(7) 実を失って虚となった処　何かの動揺によって充実した気力が抜けて、腹に力がなく、心身が空虚となって弛緩した処。

三つの許さぬところ　以上の中、出頭、引く処、居ついたところの三つは最も重要な打突すべき機会とされている。

但しこれ等は、形のみを見て、絶対に打突すべき好機とは言われない。後の備えが出来ている処に迂濶に打突し行けばそれが効を奏しないばかりか、忽ち裏をかかれて打突されるので、それが隙であるか否かを知らねばならぬ。

〈残心〉

相手を確かに打突したと意識しても、そこで気を弛めてはならない。竹刀の試合で己は確かに打突したと思っても、審判員がそれを認めない場合には、試合は続行中であるから、気合の弛んだところを相手から打突され、相手の打突が正確に当れば己の負けとなる。されば打突の後は、それが正確であると無いとに関らず、更に打突を続けるか、攻めるか、少くとも相手の打突に対する備えを失ってはならない。

真剣勝負であれば尚更のこと、相手を確実に切り斃したと思っても、正確でなく、切れていないか、かすり疵を負わしたばかりの時気を弛めれば、その隙に乗ぜられ、立所に斃されてしまう。己の切りつけが確実なもので、腕を一本切り落したとしても、相手が気の強い者で片手で切り込まないとも限らない。又斃れても息のある中はどんなにして、切り突きに出なくもない。昔鎗を持って相手の腹を突き刺したら、相手はその鎗の柄をもって更に自分の腹に突き刺し、間を近ずけて刀で切りつけ相死になったと言う話がある。槍なれば突き刺したら直ちに抜くことが定法となっている。いずれにしても気を弛めてはならない。

相手を切り斃し、止めを刺した後でも、気を弛めては、別の敵から襲撃されることがある。この際とても気を弛めることなく、備えを怠らなかったならば、危難を免れることが出来る。「勝って兜の緒を締めよ」というように戦場に於いても同意である。

残心を失ってならないと初めから打突する時に予測してはならない。これを念頭に置いての打突は、心が二つになるので、打突の技が正確にならないばかりでなく、かえって心が残らなく、相手に打突される。残心を意識しないで無心で打突するによって自ら残心は生ずるのである。たとい己の打突がはずれた場合でも、其処を打突されても臨機にそれに備えられる。

止心、水は流れていれば常に清らかだが、流れないで一つ処に溜れば腐れてしまう。心も常に活動して役に立つが一つ処に停っては用をなさない。打突の技をほどこしてその用が終った後も其処に心を留めていれば、次ぎの動作で相手を打突すること、相手の技に備えること、攻めること、総てが不可能となる。その為に技が終ったら手の裏をゆるめ、目は打突の用が終ったら直ちに観の目強く見の目弱い立合った時の観見の目付にかえる。そして又次の動作に移る。されば心は稽古中常に動いて瞬時も止ることはない。心の一ケ所に止るは居つくとも言って、心の働きがなくなるところから己の技は出でず、相手からは最も打突され易い状態になるので剣道では最も嫌っている。

放心、これには二つ意味がある。一つは心を他へやること、即ち外界の本物に迷わされて精神がぼんやりする所謂失神状態になることである。一つは心をとどめぬこと。即ち心は広く、大きく、強く蔵してはいるが、何処に置くかを意識しない。又蔵していることも意識しないのである。総ての技は心の働きによって生ずる。されどその心を相手なり、我身なり、太刀なり、何れか特定のところに留めてはならない。又心を己の腹の中におさめて置くというのもおさめて失くしないというものに取らわれて用をなさないので、これもいけない。心は何処に置くと思わないでも、全身に行き渡りて、必要に応じて、自在に適切に表れて用を為す。何処に何物に置くと意識しないから常に大心となって全身に行き渡り、然も用が済めば、直ちに他の用に移るを得、それは間髪をいれぬ境地である。磨り上げる技とか、応じ技等は総てこの理による。

＜気合＞

気合とは、あらゆる妄念を去り、純一無雑にして旺盛なる気勢を全身に充満せしめるをいう。気合は体内に内蔵するものと、外に発すものとがある。

剣道達人どうしの試合で、互に立ち合い、虚々実々阿吽の呼吸をもって隙を窺い、どちらも打突されずに攻め合いのみでいる光景を見ることがある。この状態は両人の技の優れている人程、これを見ている人も自ら息づまり、心身の縮む感を覚える。これはどんな巧みの打突よりも感嘆し、興味を覚えるが、当世はかかる試合は見られなくなった。それは現在の剣道は打突のみをもって勝敗を決し、優劣を定める競技的剣道となっているからでもあろう。これは剣道に限らず、相互的、単独に限らず、何物にも表れる現象である。旺盛なる気合は、往々にして量り知り得ない強力、気力を発揮する。行者の一喝によって難病を平癒したこと、火災の際意外の力を生じたこと、鳥獣を居悚めた話など古来人口に膾炙するところである。

剣道には気合は極めて重ぜられ、殊に試合に於いては、同等の技量の者が、気合の有無によって四分六分、又三分七分の分合になる。

平生の稽古には物の数に入らない未熟の者が試合になると遥か技量の優れている者を負かすなどは激しい気合によるところが少くない。

試合中無声の者に声を出せとか気合をかけよとか言い、気合と発声と同じに解している者があるけれども、それは間違いである。成る程発声は気合の充実したところから発し、又そうでなければ意味がないので大いに関連はあるけれども、先に発声で述べた通りに、熟達の者は発声がなくとも気合の充実があり、発声に中には気合の入らないものもあり、両者は別である。但し腹の底から力一ぱいに大きく出す発声は、気合を育成するに効果があるので、特に発声練習を行うこともある。要するに気合は旺盛なる気勢が全身に漲り、発するもの故、刻苦艱難を遂げ鍛練に鍛練を重ねて養成すべきものである。

〈勘〉

剣道に相手を打突するには、打突の技の成就する機会を見定めて技を出さねばならない。これを過っては、その技が無駄となるばかりでなく、かえって此方に隙が生じ反撃を受ける。機会を見出すことにのみ意を用ふれば、心が其処に居いて隙を生じ、又たとい相手の隙を見出しても、己が打突しようとした際には、既に隙がなくなっている。切角見出した隙も何もならない。打突のみを急いで早まっては尚いけない。ここなら確かにいけると思ったら何の躊躇なしに渾身の勇を奮って打突に出る。それが互に打ち合っている瞬間でも同様である。隙を意識してそれから打突の技に出るのでは打突の機会を逸し易いので、隙を見出すと同時に己の技が其処にはたらいているのでなければ上乗とはされない。即ち隙を見出すというのは判り目で見出すのではなく修練の結果、形には未だ表れないが心に感ずる、それが勘である。己は相手のどんな隙を意識して打ったか、何時打ったかわからないが、見事に打突していたということがある。この勘が適切なもの程、優れた技になることが多い。勘は考えて生ずるものでなく、修練、精進の結果自然に得られる。

予が自動車に乗って駅に行く時に運転手が「何処迄行かれるか」と尋ねるので、「剣道の用事があって東京に行くところだ」と言えば、運転手は「旦那は剣道をやるんですか。二三年前に自分が運転して一寸止り、後に人が居るとは気付かずに、うっかり後退したら、丁度後に居た人が突如身をかえたので、自分は突き当ったと思い、一瞬冷やっとしたが、無事だったので、ほっとしたが、この人は何かをしている人に違いないと思ったが、それが旦那でした」という述懐を聞いたことがあった。予は何時、何処でそんなことがあったか、すっかり忘れていた。或は其の時に気にもつかないでしまったのかも知れない。併し運転手の云う通りそんなことがあったとすればそれは偶然ながら難を免れ得たので、長年の剣道による勘のはたらきであろうと思った。

＜色付けの事＞

相対して打突の隙を見出し得ない時、己から隙を見せて誘い出し、これに乗って出て来たところを打突する。又己が打突すべき処を先に定め、その他のところを打突するかに見せかけ或は其処を軽く偽りに打突して、相手がその方に心を動かした時、前に定めて置いた処を打突して勝を制する。これ等を色をかけるという。籠手の隙をわざと見せて相手がここぞと不用意に打て来たのを抜き、又応じ、応じ返えして打ち返すなどは寔によくきまるので、試合の時、己の技を研究するに効果があり、一つの戦法として用いることないではないが、相手が色をしかけても、己が相手の真意を見破れば少しもその色に乗らず色にはかまわず真に打突し来たのを打ち返して勝を得るはむずかしくない。又色をかけて来る時に、後の技の来るを意識して思い切り、すばやく、その見せている色のところを打ち込めば相手はそれをかわすいとまがなく、打たれてしまう。それは色をかけて、例えば籠手の隙を見せて後にそなえようとするは、後の技に気が取られ心が二つになっているので相手の打ち来る太刀を抜き外す技が後れる。又色をかけているを相手から見抜かれて、正しい姿勢で、旺盛な気力で堂々と攻め立てられては、如何とも為す術なく、忽ち息を切らしてしまう。色をかけて打った技は相手を迷わす為の技なので、それがたとい規程の部位に当っても正確な打突とはならない。然も常に色をかけてのみ打突することをしていては、色をかけねば、打突の技が出なくなる。故に色をかけ相手を欺くようなやり方は用いず、飽く迄堂々と己の実をもって相手の虚をつくように稽古すべきである。但し相手の色を見抜くこと出来なく、相手の誘いにうっかり乗っては相手の思うつぼにはまってしまうので、充分に修練し、明瞭な注意と判断によって対応すべきである。

〈心のはたらき〉

人間の頭脳、四肢、五官の働きは総て心の支配によってそれぞれその官能を表現する。何物も心を置かなければ、その物を知られない。物を見ても、音を聞いても心がそこに働かないでは、見ても見えなく聞いても聞えない。即ち盲目、聾に等しい。而して心は、これを適当に使えば使う程、鋭敏、滑脱、重厚となり機能を増進する。且つその発達は無限である。天性心の働きに恵まれ鋭敏、重厚の人でも、これを使用するを怠り、又過度に使い疲労を重ねれば、次第に委靡して鈍重になり、用をなさなくなる。故に適宜の使用と休養は常に心掛けねばならない。

心は一つの事に思いを集中し、その度合が深く強くなればなる程、他の事に働らきを及ぼさなくなる。一つのことに専心没頭するは物事の真理を追及し、精巧なる製品を作るなどは是非なくてはならなく極めて必要であるが、かかる局部的に心を集中するは、全般を支配する時には不都合な場合がある。例えば戦争に於いて一局部に於いて綿密なる計略のもとに大勝を得たとしても、全軍の統制を疎かにして指揮を誤り、結局敗北することがある。

剣道に於いて一局部の隙を見出し、そこに適切な打突を加えることは極めて重要なことであるが、其処に意を留めてはならない。打突の技の終った後は尚更であるが、打突の技をほどこす際でも全体に置く心を失わないで然もその部分をしっかり意識しなければならない。そこに残心、止心、放心の理論がある。

全体に置く心を失わないで局部をはっきり意識するは理論的には甚だむずかしいように思われるが、修練を重ねれば実際上では左程むずかしいものでなく、上手下手はあっても相当の修練を積んだ者は、殆んどこれを無意識的に行っている。これを自在に適切に行い、何にも動ぜない心をもって堂々と対峙するには朝鍛夕練の修行によってのみ体得されるのである。

〈四戒〉

剣道をするに、驚懼疑惑を起すことは、最も悪いこととして古来戒しめている。これを四戒という。どんな相手に遭っても、平気で心を動かさないで対すべきを、身体の偉大なもの、気力の特に盛んなもの、強豪の名の高い者、変った構の者等に際会した時には、或は驚き、或は懼れて心が動揺し易い。互に対峙して、相手が攻めて来る時、じいっと構えて己の動くのを待っている時には誘いの手であるか、相手の隙を見出した時、それがわざと隙を見せてその裏をかいて己を打突しようとしているのではないか、攻防何れを取ろうかを迷う。相手の何処を打突したらよいか、どんな技を用うればよいか、などと構えている時に、又今打突に出ようとする咄嗟の場合に惑う。これ等の心を起すのは、よくあり勝ちではあるが、剣道には全くの禁物である。こんな時には、心が二つになり、気力は衰え萎縮して己の技が成就しないばかりでなく、それが忽ち隙となって敗を招く。かような心を起さずに常に無心となって対すべきであるが、若しかかる心が生じた時には、直ちに旺盛なる気力をもってこれ等の心を除去して平静の心となすべきである。腹の底から渾身の勇を振って大声を発するも除去する一手段である。

これ等四つの外に、勝を急ぎ、相手を軽視し、己の技量をよく見せたい、観客の賞讃を受けようなどの心はいずれも邪心であって起してはならないのであるが、先に述べた驚懼疑惑の心が最も生じ易く、又勝敗に及ぼす影響が大きいので特に四つを取り上げて四戒としたのである。

狐疑心、狐は猟夫を見付けたら驚いて一目散に逃げるが、大分遠去って、もうこの辺迄来れば大丈夫と思った時に、一寸止って後を振り向き、猟夫の方を見る習性があるらしい。

それを知っている猟夫は、銃をかまえて待っている。狐が後を向いたところを撃ち仕とめる。こんな疑心を起さないで、何処迄も走って逃げおおせれば、撃たれずに済むものを、猟夫が未だ居るだろうか、己を覗っているだろうかなどと疑いの心を起して振り向くから撃たれる。剣道も相手の隙を見出したら、それが誘いの手であろうか、己を打突する手段ではなかろうかなどと疑心を抱くことによって勝機を逸して、勝たれるものを負けにしてしまう。狐の習性を引用して疑心を戒めたものである。

〈平常心〉

人間は平穏無事に居れば心が平静に保たれるが、何か変事が起り、奇異なるものに遭遇すれば、余程修養が積み、担力の据っている人でない限り、大体の人は心が動揺する。その甚しいものは、心が顛倒し、頭脳は朦朧となって、為すべきことの秩序を失い、判断はつかず、物事の正邪是非を弁え兼ねる所謂失神状態に陥るに至る。

剣道は極めて微妙なる心の働きを要するものであるから、何事かによって心に動揺を起し、心が千々に乱れては、日頃の練習で会得した技は少しも、これを発揮することを得ないで敗を喫する。されば何事にも心を奪われず、気を張らず、弛めず、止めず、散漫ならず、曲らず、折れず、正しく直にして伸び伸びとした心をどんな火急な変事が突発しても失わないように平素凡ゆる修養、鍛練を積まねばならない。如何なる相手に対しても、動作にも総て平常心を失わなければ、己の技は自在にほどこされ、堂々と対峙される。何事によらず平常心を失わず、突発した事変に対して泰然自若として直ちにその前後策を講じて処理するを得る人はその身の安全を得ると同時に、他の人々にも安心感を与える。

達人名人と言われる人は、常人とは異るきわ立った特に優れた技を持ち、常人の考え及ばない奇異の技を有するものの如くに思われなくはないが、実はすぐれた達人程、常人と変った技は窺われず、すぐれた所作はなく、凡人愚人のように見える。但し達人は常と変らない平静な心を持っているから相手の動作悉く観破され、然も心が落ち着いて居るから、普通に真直ぐに打突する技が適確に成就する。されば打突する技そのものは、早からず遅からず、常人の技と何等変らない。

昔武徳会本部の主任師範内藤高治範士に某教士が稽古に行って某教士の曰く「内藤先生

は技が早くてどうもならない」と言う。内藤範士の竹刀は先太の大刀で非常に重く、そんなに早技の出るはずはないと思って某教士と稽古するを注意して見ていたら、内藤範士が面を打ちに来る時には某教士は気合で攻めつけられて体が後にかかり、後足が居ついて動けない状態になっている。其処を悠り正面を打つ。決して太刀の動かし方が早いのでも、特別の打方をするのでもない。されど打たれる者からすれば、何時その太刀が来るのかわからないので特に早く感ずるのである。己が攻められて隙の生じた時には、己の打たれるところ、相手の太刀の動くところ総てわからないから、打たれてから相手の太刀の早さを感ずるのである。

〈不動心〉

不動心とは如何なる場合に遭遇しても心を動かすことなく泰然としているを言う。心を動かしては平常心は保てないので、両者同じ意に解されなくはないが、平常心は危難変事に遇ってもそれに捉われないで、常に持っている心と変らないで居るとの意、不動心とは危難変事の際に更に堅固の意志、剛毅なる精神によって己の信念を翻えさせないを言う。

更に不動心は精神の畏縮顚倒、行為の渋滞、喜怒哀楽、得意、失意等によって本心を失くする時、生死の間にさ迷い衷神して理非曲直を弁ぜぬに至った時、毅然としてこれ等の妄念を裁断して本念の姿となり、確固たる信念をまげないことである。

邪悪なる誘導に会う時、相互の意見対立の場合、生死を決定する時など不動の信念は特に必要とする。但し不動心を持つには、物事の理非曲直、善悪正邪、情操節義等の道義的精神をよく弁え、然も時宜に適する判断を持つように、又一旦信念を抱きこれを表明すれば軽々しく変更することのないように確乎たる修養鍛練を必要とする。

剣道の技を修練するに不動心の重要なるは言う迄もないが、剣道は抑は真剣をもって生死を争うを本質とする関係上、生死岸頭に立って本心を曲げない不動心は、至極必要とする。

〈明鏡止水〉

相対峙すれば誰しも早く打突したい、勝ちたいと思う心には変りはないが、互に相手があるので、己の思うままに左程簡単に打突されず、勝たれない。勝を急いではかえって己に隙を生じて負かされる。己の心を明らかな鏡、止る水のように澄みきっていれば、相手の隙が自然に己の心に映って、相手の方から打突の機会を示してくれる。其処を間髪をいれない気合で打突の技をもって勝を制する。

心中に何か慾望妄念を起せば、心の鏡が曇って、物が正しく映らない。即ち心は用を成さない。

試合の時、相手の得意の技を知り、ああ来たらこう応じよう、この技で勝とうなどと、予め企んで立合った時には、大方結果が思わしくない。相手の技など知る必要はないが、たとい知っても、立合ったら総て念頭から去って無心となり、相手の隙に応じて臨機応変に技をほどこすよう為すべきである。これ迄の数々の試合を省みて、真に得心の技の生じた時はいずれも何の計画もない無心のところから生じている。

〈無念無想〉

勝ちたい、立派な試合をしたい、よい技を表したい、其他諸々の慾望が心に浮ぶ。それが剣道に必須欠くべからざるよいものであっても、それ等の心はすべて心を乱し、妨害となり自在の技の支障となる。無念無想とは、無心になることで、事理を離れ、勝負を離れ、生死の観念を離れた空の状態である。この境地にあれば、浩気が全身に満ち、萬の技は必要に応じて、自在に出る。明鏡止水、光風霽月、深夜霜を聞く、懸待一致等はすべて無念無想から生ずる。かように貴重なものであるが、この境地になろうとして中々立ちどころになるは至難である。なろうとすることを考えることが既に雑念である。されば日頃の絶えない修養鍛練の必要は言う迄もないが、試合などで相手に対した時は只管相手を倒さねば止まぬ旺盛な気合に徹し、勇往邁進するをもってのみ無念無想の心境となられる。

〈心気力一致〉

心気力一致の心とは、相手の動静を窺い、技の総てを司る心の働き、自己の意志を決する根元等を言い、気とは気合、気勢、気力を言い、力とは、体の運用、技の動作等を言う。この三つが一致することによって、技は思いのままに出され、試合に勝ち、然も剣道を楽しく行われる。これを又気剣体一致、体用一致などとも言う。その理合は前に屢々述べたが更にこれを詳述すれば、剣道を始めて、この三つが同じ程度に徐々に平行して進歩して行けば、精神上に及ぼす影響は少ないが、実際にはそうはならなく、各々別々に進歩する。何が先になるかというに、各人性格によって多少は違うであろうが、大体心が先に進歩して、他の二つ、或はその中のどちらかが先に進み、他の一つは後れる。例えば初めて竹刀を持ち、先生の面を打たせられても、自分は正しく打ちこんだ積りでも、届かなかったり、横にはずれて中々正確に当らない。先生から姿勢、足の踏み方、手の裏などを教って稽古をしている中にいつの間にか当るようになる。その時には大層うれしい。上位の人がわざと打つべき部位をつくって打たせられても、本人はわからず、今日は何本打って負かして来たと有頂天になる。朋輩と稽古してよく打ちが当るようになる。その間はそれでよいが、暫くすると相手の竹刀が邪魔になり、又打ち込んで行くと相手の剣尖が自分の喉か体に突き当りそうで出て行けない。その中相手から打ち込まれて負かされる。果ては自分より遅く稽古をはじめた後輩からも打たれ、試合などには負かされる。こんな時には剣道は面白くなく、兎角怠り勝ちになる。道で先生と逢って稽古をすすめられるがつらさに避けて別の道を通る程厭になる。

こんな時に他人からすすめられ、又自分で発心して稽古を続けて居ると何時しか又よく打てるようになる。そしてその打突が、相手の隙を見て打つ。相手の剣尖が少しも煩しく感ぜず思うままに打込んで行かれる。相手の動きに従って自在に技を出し勝を制せられるのであるから、その楽しさは一段と深いものがある。その中に又打突に出れば抜かれ、払われて打たれるでないか、出るべきでなく退って守る方がよくはないかなど疑念を起している中に己の勝は得られず、かえって相手から勝を制せられる。相手は強く見え、己は何時打突されるかなどと、どうすればよいかわからなくなる。従って勝負も兎角思わしくなく、誰からも打たれるようになる時、稽古の打突に迷いを生ずるばかりでなく剣道そのものに疑問を起し、剣道をして何になるか、生来愚鈍で上達は望めず、つらいばかりで進歩はなく、面白くないものは止めた方がよいと思う。それきりで剣道から身を引けばそれ迄だが、更に勇気を出して打突されながらも精進を続ければ、又必ず身に襲いかかる諸々の疑惑を克服して、更に上達に至る。

仏教では悟りを九段階に分けているとか、剣道も或は技が思いのままに出で楽観しては不自由になって悲観し、これを何回か繰り返し、次第に向上する。

思いのままに打突の技出なく、後輩からも、簡単に負かされるようになった時、自分では明かに下手になったと思い、不愉快になるが、それが果して下手になったのか、決してそんなことはない。打突される、己の太刀が当らないので、己が下手になったと感ずるだけである。相手の剣尖が邪魔になって打って行かれないのは、目が見えて来てそれに気合、技が供なわないから当らない。打たれるので、何の気がかりなく打ち込んで相手を打突した時よりも目が見えて来ただけ進歩である。されば暫く稽古を続ければ、或は気、或は技が目の見える（心）のにおいついて、必ず当るようになる。

相手の動作を懸念し、諸々の疑惑を起すのも前のものより上達してからの悩みではあるが、結局は同じ心気力一致を欠いた時の心境である。されば打突に出られない。疑惑が生じて心身が畏縮して不自由を感ずる時、更に進歩する直前であると思意して努力精進をすれば日ならずして心気力調和して心身は動作が自在となる。それを幾度も反覆精励することによって大成する。

〈懸待一致〉

相手と対峙した時には、終始気をゆるめることなく、常に旺盛なる気魄を持続し、攻勢に出るよう心掛けねばならない。されど相手を早く打突することにのみ専心すれば、心が浮き立って実を失い、空虚になり易い。その空虚になった隙に乗ぜられて敗を招く。己から懸って行くはかえって相手から乗ぜられることになるから相手が懸って来るのを待って、その空虚になる処に供えようとしているのは、軽はずみに懸って行くよりは、仕損じが少ないであろうけれども、相手を威圧するの気力に欠け、攻め立てられて心が居付き隙を生じ易い。

故に懸るところに待つ心、待つところに懸る心がなければならない。これを懸待一致という。又懸中待、待中懸とも言って、攻防いずれにとらわれず相手の動静を観破して自在に働くので寔によい教訓であるが、修行鍛錬を重ねて、真にその意を体得した者でなければ、これを適宜に用いる心境に居るはむずかしく、なまなかその理合にこだわっては、気力衰え、迷いを生じ、相手に乗ぜられることになるからよく気をつけねばならない。特に初心者は気力が弱く、挫じけ易いから、待つことなどは考えず、立ち合うや否や徹頭徹尾攻勢に出るように心掛くべきである。それには懸り稽古を時々行うは、盛んなる気魄を養い、四肢身体を自在に運用するに効果がある。

〈虚実〉

浩気を身に充満し、ここから発する気合をもって相手を攻め、打突するのが剣道の常道とする。されど時には互に充実した気勢をもって攻め合う時、又相手が特に充実した激しい気勢で攻めて来た時に己は急に気を抜いて虚になる。相手もそれにつられて気が抜け虚になったところをすかさず己の実をもって攻める。又己が虚になれば相手の実は己に感ぜず、無駄な力みとなり、疲労するばかりとなる。即ち実をもって虚をつき、虚をもって実を迎えるとは古来定法の戦術とされている。

然るに虚をもって実を迎えるというは、懸待一致の如く余程心技共に修練をつんだ人の用いる理法で、初心の者は気を緩めたところを攻め立てられて再び実に立ちなおるいとまなく守勢となって遂に敗を得る。故に己を虚にするなどとは考えないで、相手の実に対してはそれ以上の実をもって相手の実を挫くことに専念して対する。かくすれば相手が強くて攻められることはあるが、気を抜いて攻められて立ち直れないでしまうような惨めな負けにはならない。気を抜いて虚になり実を迎えて制する場合がなくはないが、それを常に用いては何時の間にか気合の入らない癖になり半間の剣道となる。半間となっては、修練上支障を来し、上達を阻害する。

〈離勝〉

剣道は刀剣により相手を斃すことを修練する道なので、斃さなければ己が斃される。即ち相手から勝つことが絶対的の条件である。されど早く勝とうとか、勝ちたいとかの心になって相対しては、心が其処に捉われ、平静を失って相手から乗ぜられ敗を招く。故に初めから勝とういう気を起さなければ心は常に平静で隙は生じない。

驚懼疑惑は剣道の四戒とされ其の他心に生ずる妄念は総て剣道の修行を妨害するものとして堅く戒められている。

雁無遺蹤之意水無沈影之心

うつるとは月も思はずうつすとは
　水も思はず猿沢の池

敵をたゞ打つと思ふな身を守れ
　おのづから漏る賤が家の月

などの句は皆その間の消息を言い表したものである。

昔から相手から勝とうと思うな負けまいと思えという教がある。両者は結果に於いては同じ意味のことを言っているようだが、心持から言えば非常に違う。勝とうと思うところには自らあせりがあり、負けまいと思う心には落ちついた緻密な用意があり、気が充実している。総ての妄念は心を曇らせるから、己に隙を生ぜしめるばかりでなく、相手の隙を見定められない。無念無想でいて心が常に清く澄んで居れば、己から強いて隙を見出して、勝とうとしないでも、自然に隙が心にうつり、勝は相手の方から与えてくれる。

凡ゆる芸道何事によらず、どのような妄念を起しても、決してよくは出来ない。特に剣道に於いては、それが竹刀上の試合であれば、負けたからとて名誉を失墜する位ですむが、真剣勝負であれば、その勝敗は立ちどころに身命に関することになるので、相対峙しては、早く打突しよう、勝ちたいなどの妄念を起すことなく、厳粛なる用心を肝要とする。

〈位〉

位は気位とも言い、気品、威などは多少は違うが、大体同じ意味にとられているようである。

位の高い剣道とは多年に亘る修養鍛練、技の鍛練が自ら身体に及ぼして、侵し難い崇高な姿となっているものである。この姿は天地自然の道理に合致し、総ての道の根元たる一を把握し、凡ゆる慾望から離れ、善悪正邪、生死を超脱し、無の境地に至って居るものがその最も優れているものとされるであろう。

然るにここ迄至る人は剣聖と言われる人でない限り常人の中々達せられないところであるが、常人に於いては位の高い剣道と低い剣道がある。それは各人の性格による処は多いが、心身の修養鍛練を積み、正邪善悪を弁え、勝敗にこだわらず、浩気全身に漲って、不敗の信念をもって立合う時には自然に態度が堂々となり位の高い剣道となる。かような人に対しては、打突の技は思うように出せない。又これを打突し得たとしても、心身が畏縮し、圧迫感を覚える。これを見て居る人にしても、打突の数の多い人よりも遙かに優秀に見える。多数の人々が、互に稽古し合っている時にも、位の高い人は特に衆に抽んでてよく見える。

書画骨董をはじめ何れの芸術品に於いて、位の低いものは、たといその技巧が優秀であっても観賞価値の極めて低く、暫く見ている中に倦きを生じ見るに堪えられなくなってしまう。ある人から書画には床の間に上がられるものと上がられないものとがあると言うことを聞いたことがあるが、この意味を示した面白い言と記憶している。

位の高い剣道は誰しも頭の下がる感じを受けるものであるが、その形のみを真似ても、位は高くなるものではない。そんなものは、威力圧迫を感ずる何物もなく、体は居付き、全身隙ばかりとなる。形ばかり真似てつくり得たとしても、内実のともなわない全く似て非なるものとなる。故に位を高くするには、精神を修養し、朝鍛夕練してその信念を確保するにある。

〈守破離〉

剣道を修行するには、その順序を追うて学ばなければならない。守というは、昔であれば己の入門した流派に従って先生から教わるところをよく守って、その教に寸分違わないように修練するを言う。その間には他流のよいと思うものがあっても、他の教師の技にも絶対に振り向いてはならなく只一筋に己の先生の教に従って修行鍛練する。

破とは己の道場で一心不乱に精進し、暫く修行が積んでから、先生の許可を得て、他の道場に行き他流を学び、他の教師の教を受け又武者修行に出でて種々異った流派の者と稽古試合を励み、これ迄己の学んだものを破ってしまうことを言う。この時には己のこれ迄の習い覚えたものを全部なくするのではなく、これ迄の形技にとらわれないで、自由、自在の技を練習鍛練するのである。

離とは守又破に於いて、或は己の先生より、又他の教師、先輩より教ったものから離れて、自己独特の剣道とするを言う。これも自流他流で学んだものを顧みないで自分勝手にするのではなく、それを基礎として、それに飽く迄固守して居ないでその経験に基いて、更にそれ以上の自己独特のものを立てるのである。

これが剣道の学び方で、例えば某大会で優勝した人を見て、直ちにその人の技を出そうとしても出ない。それは優勝するだけの修練を積んで来たからそこに至られたのである。又初めから打突の技の練習ばかりしていては若し打つことがあるにしても間もなく当らなくなり、進歩が止ってしまう。されば初心者は特に打突の技を工夫し練習するよりも、教師の言を守って基本練習、打込み切返し、素振りなどを充分に修練して剣道の基礎をつくった方が進歩には早道である。近年は青少年の剣道が頗る盛んになっているが、同時に試合が盛んに行われ、試合に勝てば賞品を与えて賞讃する関係上、皆基礎訓練よりも試合に勝つ為の技の練習に没頭するところから剣道が一般に軽薄になって、地力も位もない剣道になっている。剣道はもともと行であって娯楽ではない。昔はこれを修練して身をもって君の用に立てるを唯一の目標とし、現在は人格を養成し、立派な人間を形成するが目的とされている。いずれにしても、品位の高い真の剣道でなければその効果は少い。学剣者、指導者はよくその点に留意して、誤りのない指導法、学び方を会得するを要する。

剣道を詠む

寒稽古

寒稽古一太刀の技これ至宝
寒稽古一の太鼓に武者揃ふ
着換する迄のつらさや寒稽古
寒稽古雑踏の中礼儀あり
生涯を鍛練として寒稽古
八十路越え而も剛健寒稽古
寒稽古九十剣士に励まされ
寒稽古古希には古希の技錬ふ
寒稽古老を老とし老に克ち
寒稽古我執を断つの一念に
寒稽古率先の意気失はず

鍛練に技も理もなし寒稽古
堅氷を踏し武夫の寒稽古
開眼の目を待ち鍛ふ寒稽古
寒稽古指導も習うと心得よ
寒稽古六十路の剣技省る
手加減も止むなし田舎寒稽古
寒稽古三世を鍛へ老いにけり
寒稽古今日のしぐさを楽しみに
寒稽古両腕さすり開始まつ
寒稽古激しき中に妙を知る
古稀近き老の一徹寒稽古
寒稽古慈悲の太刀とて容赦なく

寒稽古帰りの風の心地よく

夏稽古

夏稽古終へ寛げり海の宿
稽古すみ冷酒一椀ぐいのみに
夏稽古重ねる冷酒に増す力
裸のまま技の研究夏稽古
夏稽古阿吽の気合ゆるみなし
道場を包む老樹のセミ時雨
両刀の交るところ暑気を絶つ
夏稽古筋骨汗にとかす日々

京都武徳殿

武徳殿全国剣士競い合ふ

武徳殿神の心を心とし
年毎に減りゆく剣友武徳殿
薫風にただよう京の武徳殿
思い出のつきぬ京の武徳殿
武徳殿に生涯かけて老にけり
知己多き大武徳殿若葉風
武徳祭同じ心に老ひし友
武徳祭精進ここに五十年

初稽古

初稽古竹刀とりして五十年
鏡開き老幼なごむ武道館
御供のある道場にて初稽古

初稽古ずらりとならぶ高段者

試合

一試合終へて寛ぐ氷水
戦ひに戦ひ進み増す暑さ
一剣に運命托す炎天下
優勝は一本となり汗握る
日盛りを戦う若人武者の意気

春

梅の香や東武館長礼を説く
春霞両雄剣士隙もなく
春砂塵吹巻く中を剣競う
昇段を祝へる弟子の初剣舞

夏

審判に汗の手拭持ちて立つ
一剣の閃く秘技に汗涼し
稽古着のままに入りけりビヤホール
汗の手を握り審判遺漏なく

秋

剣豪とうたはれ老ぬ秋時雨
秋の陽を受けて剣刃閃ける
菊の秋秘剣の居合抜き放つ

剣道の学び方　検印省略　
昭和54年7月1日　第1版第1刷発行　（Ae）
昭和54年11月1日　第1版第2刷発行　（A）
昭和56年3月1日　第1版第3刷発行　（e）
●著　者　佐藤忠三
●発行者　小沢一雄
●発行所　株式会社体育とスポーツ出版社
東京都千代田区神田錦町1－5
郵便番号 101
TEL (03) 291—0911（代）
振替口座東京 0-25587
●印刷・製本　東京・共同印刷株式会社

〈復　刻〉

©2003

剣道の学び方（オンデマンド版）

二〇〇三年五月十日発行

著　者　佐藤忠三

発行者　橋本雄一

発行所　㈱体育とスポーツ出版社
東京都千代田区神田錦町二―九
電話（〇三）三二九一―〇九一一
FAX（〇三）三二九三―七七五〇

印刷所　㈱デジタルパブリッシングサービス
東京都新宿区西五軒町一一―一三
電話（〇三）五二二五―六〇六一

ISBN4-88458-013-3　Printed in Japan　AB174